Cómo Tener Éxito En La Consultoria Fiscal

CÓMO TENER ÉXITO EN LA CONSULTORIA FISCAL

GABRIEL MONTIEL MORALES

Número de Control de la Biblioteca del Congreso de EE. UU.:		2012900476
ISBN:	Tapa Dura	978-1-4633-1668-6
	Tapa Blanda	978-1-4633-1674-7
	Libro Electrónico	978-1-4633-1669-3

Para pedidos de copias adicionales de este libro, por favor contacte con:
Palibrio
1663 Liberty Drive
Suite 200
Bloomington, IN 47403
Llamadas desde los EE.UU. 877.407.5847
Llamadas internacionales +1.812.671.9757
Fax: +1.812.355.1576
ventas@palibrio.com
380692

INDICE

AGRADECIMIENTOS

Para preparar un trabajo intervienen varias personas a los cuales tengo que agradecer, en el cumplimiento del objetivo y por lo tanto quiero mencionar tan sólo a algunas de aquellas personas que me impulsaron al cumplimiento de éste: a Santiago, por su interés y apoyo, a Gabriel, por su ejemplo y dedicación, a Manuel por su tenacidad y optimismo, a Claudia por su inquebrantable decisión de seguir adelante, a Margaret por su apoyo profesional, a Fernanda por su persistencia y liderazgo, a Mirsa por su talento y alegría en las cosas y en la vida, a mi asistente de este manuscrito, Azucena, por su valiosa intervención en el seguimiento del objetivo; a Javier por su disposición y apoyo al trabajo creativo. A quienes me han enseñado el conocimiento y manejo de los impuestos Francisco Manuel Méndez F. mi gran amigo y maestro del arte de enseñar impuestos, a Jorge Arizmendi por sus valiosos comentarios y enseñanza, a Martha Reséndiz, gran maestra y amiga profesional por su valioso apoyo. A la Sra. Mercedes, mi madre por darme los consejos indispensables de la consultoría y preparación profesional y a mi padre que en paz descanse, por sus sabios consejos e inspiración en el hábito de la lectura y el arte de hacer amigos.

PREFACIO

E
l pago de impuestos y el cumplimiento de las obligaciones fiscales en América Latina se torna difícil, complicado y a veces se debe invertir muchas horas de trabajo, pero con mayor amplitud en México. El marco tributario en México representa en cada ejercicio fiscal un verdadero reto para los contribuyentes y para el Estado debido a que el Sistema Tributario Federal tiene variaciones importantes en las diferentes Normas Tributarias, ejercicio fiscal tras ejercicio fiscal. A veces son tan complejas, incompletas jurídicamente hablando, que se tienen que emitir algunos Decretos, por parte del Ejecutivo para suplir la falta de normatividad al respecto.

Además la celebración de Tratados Internacionales en materia tributaria y de comercio, que México ha celebrado, hacen que el mismo Sistema Tributario se adecue a tales Tratados y a las operaciones globales. Esto, aunado a que México ha resentido con mucho, fenómenos económicos como la evasión y elusión fiscal, tanto local como internacional de sus contribuyentes y de los residentes en el extranjero que hacen operaciones con residentes en México o cuya fuente de riqueza se ha localizado en este país, prueba de ello lo ha demostrado en su baja recaudación fiscal, permaneciendo ya por varios años cerca del 12% en comparación con su Producto Interno Bruto.

Por último y no menos importante, es el caso de que la mayoría de normas tributarias impuestas a los contribuyentes para su cumplimiento han llegado a ser excesivas que en determinados momentos se han hecho burocráticas y le han creado a los contribuyentes un costo adicional para su cumplimiento; por ejemplo para crear sociedades mercantiles, para abrir cuentas bancarias, para dar de alta a contribuyentes en un padrón fiscal, para presentar declaraciones fiscales mensuales con carácter provisional o definitivo, para expedir comprobantes fiscales, para hacer deducciones fiscales de impuestos, para llevar contabilidad, para manejar mercancías, para el control de combustibles a cargo de contribuyentes que son franquiciatarios de la empresa del Gobierno, Pemex, para presentar declaraciones anuales de impuestos, para fiscalizar a terceros por medio de retenciones de impuestos a éstos, para presentar declaraciones anuales informativas de dichas retenciones.

Por encima de ello, la fiscalización de las Autoridades Fiscales a veces es excesiva, por ejemplo; si una empresa está obligada a dictaminar sus estados financieros por un Contador Público Registrado en la Secretaría de Hacienda y Crédito Público o bien, ejerce esta opción, la Autoridad Fiscal Federal le revisa al Contador Público, posteriormente le puede revisar al contribuyente; esto se puede repetir con la Autoridad Fiscal Local por convenio de colaboración mutua entre ambas Autoridades, la Federal y la Local.

Entre otros, los problemas antes descritos originan mucha ineficiencia en los contribuyentes dentro de sus operaciones cotidianas, a veces invirtiendo recursos humanos y financieros y a veces el tiempo como un recurso no recuperable.

Es por ello que he encontrado que los profesionales especializados en la materia tributaria pueden ofrecer sus servicios desde el mismo momento que conocen o saben que un contribuyente va a emprender un negocio o que va a llevar a cabo una actividad por la cual debe de pagar impuestos. La razón es básica: le pueden ahorrar recursos económicos y humanos al contribuyente pero también le pueden provocar su eficiencia operativa para que al fin de cuentas éstos crezcan como lo han planeado.

También considero que para ser un buen consultor fiscal se requiere de conocer varios elementos o herramientas que he nombrado durante los capítulos del libro, como el de la Ética Profesional, la Especialización, el Cómo promoverse así mismo, Cómo cuantificar sus honorarios profesionales, Cómo diferenciarse de otros, etc, etc. para que el consultor encuentre en esta actividad un verdadero nicho de mercado e ingresos potenciales, ya que si ayuda a que los negocios que atiende aumenten su valor, tienen que aumentar ellos, el suyo.

De igual manera ya que los gobiernos siempre están planeando la forma de cómo aumentar impuestos a sus contribuyentes debido a que el presupuestos de egresos siempre resulta insuficiente o hay más cosas a que atender, así también el contribuyente está en su derecho de planear sus actividades económicas, personales y patrimoniales para que haga crecer sus empresas y pueda provocar desarrollo económico

Estas dos últimas razones, las de ambas partes, que son los que intervienen en una relación tributaria, provoca la necesidad de que haya excelentes consultores fiscales que puedan aprovechar todas las ventajas que las Leyes fiscales ofrecen a los contribuyentes, así mismo, al fisco le interesa que haya cada vez más contribuyentes que estén bien asesorados porque van a cumplir con mayor oportunidad y justicia con sus obligaciones fiscales. En otro sentido si los contribuyentes son cumplidos y pagan oportunamente sus impuestos en la forma más equitativa y justa, un Estado crece económica y socialmente se crea una mejor responsabilidad contributiva

Por otro lado, presento algunas ideas fundamentales para vender servicios de consultoría fiscal y de otras áreas, buscando siempre la forma de ayudar a sus clientes y finalmente, presento un breve presupuesto para iniciar una Firma de consultoría en materia fiscal

INTRODUCCIÓN

México, un país de constantes cambios en materia fiscal

México se ha caracterizado por la implementación constante de modificaciones fiscales a diferentes leyes que integran el sistema tributario federal. Ello tiene ya varias décadas de perseguir el mismo objetivo: adecuar las reformas fiscales a los momentos que vive el país, por ejemplo, en las épocas de mayor inflación la constante fue el cambio natural y rápido de los precios en los bienes y servicios, la parte fiscal no fue la excepción, por lo que nuestras autoridades consideraron importante hacer cambios a las leyes para que previeran la forma de actualizar las contribuciones a un entorno" realista", es decir, a dichos cambios.

De igual forma cuando nuestro país comenzó con la apertura económica y sobre todo con el tratado de Libre Comercio, celebrado entre los países del norte de América, (Canadá, Estados Unidos y México), se vio la necesidad de adecuar algunas leyes fiscales a las circunstancias de la apertura económica, empezando con la celebración de Tratados Internacionales en materia fiscal y Acuerdo Amplios de intercambio de Información para evitar la doble o múltiple tributación entre los países contratantes y sus contribuyentes, así como para contar con el apoyo del intercambio de información que hagan de sus contribuyentes, los países involucrados. De esa forma hacer atractivo para un inversionista o emprendedor el hecho de que pudiera en su caso, recuperar los impuestos que tenía que cubrir en el país de la creación de la riqueza o fuente principal de sus ingresos.

También constituyó una parte importante el desarrollo y establecimiento de precios para bienes y servicios que se llevan a cabo entre partes relacionadas cuando se trabaja en diferentes países, lo que llevó a nuestro país a establecer la normatividad necesaria y regular dichos precios de transferencias y por otra parte algunos países o Jurisdicciones con tasas bajas de imposición fiscal, resultan ser atractivos para algunos inversionistas el hecho de trabajar e invertir en ellos el dinero de varios emprendedores o inversionistas, lo que coloca en desventaja competitiva a nuestro país, ya que al ser considerados este tipo de de Jurisdicciones, Países o Territorios como "paraísos fiscales", al inversionista o el probable contribuyente les es más atractivo invertir ahí que en nuestro País o en aquél en donde esté pagando sus impuestos con mayores tasas impositivas

Estas y otras circunstancias han provocado que nuestras autoridades, las que regulan la economía y señalan la forma de cubrir un presupuesto importante para una nación como la nuestra y que en alguna medida ha dependido de la recaudación petrolera, estén constantemente modificando las leyes fiscales. Además otro factor muy importante es que ha crecido un fenómeno económico de tipo social llamado evasión fiscal, lo que significa y se traduce en una baja de recaudación fiscal y que tiene al país sumergido entre las naciones con menos recaudación medida esto con respecto a su Producto Interno Bruto.

Dicho de otra forma, México ha comenzado a entrar en un círculo vicioso, en el que por un lado el Gobierno Federal propone varias reformas fiscales a fin de "tapar" los huecos que las Leyes fiscales tienen, o bien por exceso de regulaciones y el aumento en los índices de evasión y por otra parte a las propias Autoridades les cuesta trabajo ir al día en la recaudación por dichos cambios y por supuesto a los contribuyentes cada año invierten más recursos económicos y humanos para el cumplimiento de sus obligaciones fiscales lo que los hace menos eficientes en sus negocios y actividades

Qué necesitan las empresas y las personas

De lo anteriormente comentado, cada vez nuestra economía requiere de apoyos e incentivos económicos y menos impuestos, irónicamente el país necesita de mayores impuestos, pero en realidad lo que necesita nuestro país es reducir la evasión fiscal, entonces cómo apoyar a las empresas y a los contribuyentes que necesitan producir bienes y servicios y aumentar su mercado y por ende su competitividad? entendiendo la situación económica, haciendo un programa y cuerpo normativo que sea aplicable a un modelo económico de largo plazo, que no constituya sólo recomendaciones de organismos externos y con profesionales que entiendan y apliquen de manera práctica las disposiciones fiscales y que además se constituyan en verdaderos expertos en la materia fiscal, para que asesoren a este tipo de contribuyentes, pero además tienen la gran misión de hacer que los contribuyentes puedan crecer en una economía lastimada por varias crisis mundiales y locales.

Apoyo para pequeñas y medianas empresas

Se ha detectado que en muchos países el desarrollo económico de los mismos depende de las pequeñas y medianas empresas y de los prestadores de servicios profesionales, por lo que el profesional de los impuestos es la persona que está calificada para entender el problema y ofrecer soluciones de corto plazo.

Aunque su mayor reto, será la de convencer a los dueños de las empresa y contribuyentes que una de las razones principales de su crecimiento están en cuidar el riesgo que significa el cumplimiento de obligaciones fiscales, ya que de no hacerle pueden cometer un grave error debido a que en varias ocasiones el pequeño empresario al verse envuelto en problemas de índole fiscal busca cómo resolver el problema, pero cuando ya lo tiene lo que genera la inversión de recursos financieros y el tiempo para solucionar problemas que debió haber prevista con la oportunidad necesaria. Es decir, debe de contratar a un experto en impuestos para que éste le oriente de la mejor manera de cómo tributar en México y cumplir adecuadamente sin necesidad de invertir muchos recursos. Razón importante para pensar en un nicho de oportunidad para el consultor fiscal.

Es tiempo de reconocer el mercado potencial

Esta época de retos importantes para todos, significa un momento adecuado para reconocer el potencial del mercado que tiene el especialista en materia fiscal y que se podrá dedicar a ser un consultor de éxito si se lo propone debido a que hay una gran demanda por este tipo de servicios, si pensamos en términos del padrón fiscal que tiene el Sistema De Administración Tributaria de nuestro país que es aproximadamente de 31 millones de contribuyentes (cifras al cierre del ejercicio 2009), de este padrón las empresa representan apenas cerca de 1 millón de contribuyentes activos, por lo que los demás contribuyentes son personas físicas de las cuales cerca de 15 millones de ellas son trabajadores o perciben el concepto de sueldos y salarios, por otra parte, el resto de las personas se dedican a otra actividades, tanto empresariales como de servicios profesionales u otro tipo de actividades, por ello considero que hay una gran oportunidad de trabajo en el segmento de los servicios fiscales para un consultor.

La consultoría fiscal como oportunidad de servicios

Cuando uno quiere saber algo, para tomar una decisión generalmente acude uno a las personas con la experiencia del asunto en su campo, por ejemplo, si quiero saber de enfermedades del hombre acudo a un médico, si quiero saber de construcción de casa, acudo a un ingeniero o arquitecto; de igual forma si necesito saber cómo cumplir mis obligaciones fiscales de la forma más económica posible y en su caso, ahorrarme recursos, acudo a un especialista en la materia, que bien puede ser un contador, abogado, economista, administrador de empresas o alguien quien simplemente tenga o reúna los conocimientos en materia fiscal.

Hay dependencias gubernamentales que apoyan diferentes causas como a los emprendedores, profesionistas artesanos, artistas, etc, etc. En materia fiscal el Sistema de Administración Tributaria es la Dependencia encargada de administra y cobrar impuestos federales, por lo tanto es la Dependencia que puede orientar a los contribuyentes para cumplir con sus obligaciones fiscales, de hecho es una obligación de dicha Dependencia, sin embargo lleva su tiempo y su proceso como es el hecho de hacer una cita, de hablar por teléfono o bien hacer una petición por escrito, casos en los cuales puede representar una inversión de tiempo importante para el contribuyente y la paciencia para hacerlo de este modo.

Hay otra forma de hacerlo tal vez más rápido y con mayor confiabilidad, la de contratar a un experto en impuestos. Es preferible como lo hacen los grandes inversionistas, que prefieren pagar cualquier asesoría de un experto en materia fiscal a dejar sus asuntos y negocios a la deriva; obviamente usted entenderá el resultado: algo que se deja a la deriva, puede llegar a cualquier parte menos a lo que usted espera, por lo que la oportunidad para el consultor es tan amplia como él mismo la considere importante

A quién está dirigido este libro

A todas aquellas personas que están relacionadas con la prestación de servicios profesionales independientes y que cuentan dentro de su preparación y experiencia la materia fiscal como pueden los contadores públicos, licenciados en derecho, economistas, licenciados en administración de empresas y posiblemente otras carreras profesionales afines a la práctica fiscal, pero que además encuentran que su visión y misión coincide con la de volverse consejeros profesionales.

También es recomendable para los estudiantes de dichas carreras ya que con ello van analizando un área de sus servicios y por ende la preparación sobre la materia les va a llevar a conocer aún más la misma y en un tiempo determinado serán expertos en esta materia; pero sobre todo conocerán ideas y experiencias sobre la práctica de impuestos y la forma de realizar consultoría para atender la gran demanda que existe sobre la materia y que seguramente como lo veremos más adelante, los contribuyentes seguirán necesitando del apoyo de los expertos en materia impositiva.

Finalmente, les deseo buena suerte y felicidad a todas aquellas personas que ya estén trabajando esta área tan interesante y estimulante y para aquellas personas que aun no lo hagan, puedan recibir los comentarios vertidos, producto de la experiencia de más de 20 años de hacer consultoría fiscal.

CAPÍTULO I

Consultores Calificados En Materia Fiscal

"Cuida de los pequeños gastos; un pequeño agujero hunde un barco"
Benjamín Franklin

Recuerdo que el primer consejo que me dio mi madre fue que no gastara todo mi dinero que ganaba o que caía en mis manos, que debería ahorrar una parte para tener siempre algo con que responder en caso de algunas eventualidades. Creo que a este consejo sólo hacía falta añadirle algunos otros para redondear lo que mi madre consideraba un buen método para no carecer de efectivo.

En el caso de las empresas que no planean el pago de sus impuestos continuamente están teniendo problemas para cubrir tales obligaciones; en muchas ocasiones son impuestos retenidos o recaudados de terceros y que realmente la empresa sólo sirve de auxiliar en la recaudación del fisco. Pero no siempre la empresa maneja adecuadamente ese dinero recaudado de terceros y que le pertenece al fisco; como está en su tesorería algunas veces es usado para el gasto operativo de las mismas y en su momento, cuando las empresas deben hacer el respectivo entero les duele hacerlo como si fuera su dinero

Todos los negocios y en general, los contribuyentes tienen diferentes problemas, entre ellos destacan los de carácter fiscal, por una razón importante; es obligatorio para todos pagar impuestos federales, estatales y locales. Cuando las leyes fiscales de un país tienen modificaciones constantes como es el caso de México, entonces los problemas crecen y el nivel de riesgo puede aumentar si las empresas y los contribuyentes no son asesorados por un especialista en la materia, de ahí la importancia para aprovechar esta oportunidad que representa resolver problemas de carácter fiscal.

Si es cierto, resolver problemas, es una cualidad de cualquier consultor y si de impuestos hablamos necesitamos a un consultor que esté preparado en la materia fiscal y otras relacionadas como sería el caso de las finanzas personales y corporativas, por lo que se hace indispensable contar con un buen consultor.

Por otra parte, los contribuyentes están preocupados por la economía y éxitos de sus negocios y al ver que las leyes que establecen impuestos se modifican constantemente, lo primero que les llega a la mente es el temor de si hay mayores impuestos que el Estado requiera para cubrir su gastos y en otro sentido, si hay cambios para cumplir con sus obligaciones fiscales.

Este temor debe ser disipado por buenos consultores que les ofrezcan soluciones y les informen de cómo les impactan las modificaciones fiscales en la situación financiera de sus negocios, de igual forma en el mejor de los casos, buscan una asesoría constante para ayudar a sus colaboradores que en forma directa está trabajando en el mencionado cumplimiento de obligaciones fiscales

Preparación

Indudablemente la preparación generalmente comienza en las Universidades en donde se puede adquirir una licenciatura que esté encaminada o que en su estructura de estudios tenga varias materias relacionadas con el derecho fiscal como lo es la contaduría pública, la economía, la licenciatura de administración de empresas o la de licenciado en derecho, por mencionar una cuantas.

Varias de estas carreras profesionales, dentro de sus planes de estudio involucran este tipo de materias con la finalidad de que el participante pueda ver en el área fiscal una oportunidad de desempeño en su vida de práctica profesional, pero que además algunas otras carreras profesionales se ofrecen otro tipo de materias que indudablemente lograrán complementar la aplicación práctica de los impuestos como son la contabilidad, el derecho y las finanzas y en su caso las personas que se preparen en esta materia ampliar su preparación profesional.

Posteriormente el futuro profesional, ya titulado, empezará sus prácticas y de gustarle el área de los impuestos comenzará a reunir toda la información respecto a ir adquiriendo mayor preparación en la misma.

Hay Instituciones colegiadas como lo es el Instituto Mexicano de Contadores Públicos, A.C. que dentro de sus estatutos reconoce la capacitación periódica del profesional que de pertenecer a esta Institución lo debe hacer de manera constante y entonces habrá que cumplir con la Norma de Educación Profesional Continúa, que regula dicha capacitación; a su vez dicha Institución también ofrece certificar a un profesional de la Contaduría Pública, misma que actualmente se lleva a cabo por medio de disciplinas, por ejemplo, la de auditor independiente, la de especialista en Impuestos o derecho fiscal, la de contador de costos, etc., etc.,

Hay otras Instituciones como lo es la Academia de Estudios Fiscales de la Contaduría Pública[1], que menciona que …" todo académico que ejerza la asesoría fiscal como su actividad profesional preponderantemente debe ser un especialista…"

¿Cómo hacerse especialista en la materia fiscal?

Cualquier persona que desee destacar en su campo de actuación o en los negocios requiere de la habilidad de hablar en público. Esta habilidad le traerá grandes satisfacciones como el hecho de darse a conocer ante un público que le escucha para informarse o capacitarse en alguna materia.

Al haber un monto considerable año con año, de modificaciones en las diferentes leyes de carácter fiscal que al presentarse el presupuesto de ingresos del año fiscal y durante el propio año, las autoridades gubernamentales plantean consideraciones económicas y calculan la forma de hacer cumplir dicho presupuesto. Obviamente los contribuyentes necesitan informarse de dichos cambios con las personas que estén más adentradas en la materia, de tal suerte que se ha hecho indispensable que especialistas en la materia impositiva, preparen y diseñen métodos sencillos para difundir estas modificaciones fiscales.

Casi Cualquier consultor externo, debe de conocer el impacto que traerán las modificaciones fiscales en la economía de los contribuyentes, por lo que se hace necesario que el o ella conozca a profundidad sobre dichas modificaciones y

---

[1]　Normas de Actuación Profesional en materia fiscal.- IMCP, Méx. 1998

prepare conferencias, material de consulta y de desarrollo de casos prácticos, artículos y libros sobre el tema. Al hacer esta práctica se está convirtiendo en un especialista.

De igual forma se puede alcanzar la especialidad si además de lo anterior, el consultor se dedica a la academia, medio para incrementar sus conocimientos sobre el área fiscal, pero sobre todo si la experiencia académica la lleva a lugares como maestrías y especialidades, para con ello hacer labores de investigación.

Otra forma de hacerse un especialista es a través de la preparación de artículos sobre la materia, ya sea de las modificaciones fiscales o bien tomando algún tema en especial que genere inquietud en los contribuyentes o preocupación en su economía, a fin de ofrecer respuestas a los lectores que por lo regular serán personas interesadas en buscar soluciones a sus problemas de impuestos

Finalmente y como parte de la preparación, el consultor debe de leer mucho sobre los criterios de las autoridades fiscales, sentencias, precedentes y jurisprudencia en materia fiscal para conocer cómo piensa la Autoridad respecto a una Norma legal en específico, o bien qué han resuelto los tribunales cuando los particulares presentan los medios de defensa que están a su alcance por controversias suscitadas con las Autoridades Fiscales y como comenta el escritor Oswaldo G. Reyes Corona en su libro "Economía de Opción: El ope legis tributario y su restrictividad"[2]

> "Con todo el respeto que me merecen las organizaciones que generan abogados, contadores, administradores y todas aquellas carreras afines al mundo de los negocios, mientras no se tenga profesorado con experiencia y con conocimiento de campo de cada materia que integran los planes de estudio no tendremos expertos que puedan analizar las diversas economías de opción, ni que puedan cuestionar la falta de rentabilidad de una empresa…"

En mi concepto además de trabajar en el análisis y entendimiento de las normas legales, necesitamos de experiencia, conocimiento y estudio de campo en la

---

[2]   Reyes, Corona Oswaldo, "Economía de Opción: El ope legis tributario y su restrictividad, Ed Víctor Medina Urízar, 2009, Méx, pág.105

materia fiscal, y finanzas para ver esas economías de opción y saber elegir la que más se adapte a las necesidades del empresario.

¿Qué es un especialista en materia fiscal?

Es la persona que se prepara y estudia constantemente las modificaciones a diferentes leyes impositivas y que le crean una carga financiera a las empresas y a los contribuyentes, de igual forma descubre y analiza dichas modificaciones en donde le pueden al contribuyente provocar posibles daños en su economía y además generarle una carga financiera mayor, debido a la complejidad que en algunos casos se da, entonces con la experiencia y buen análisis aporta soluciones al respecto.

También tiene visión sobre el impacto de las finanzas públicas y privadas que provocan la aprobación de leyes y decretos en materia fiscal

Tipo de profesiones

Generalmente el perfil de las profesiones que participan en cómo ser un consultor calificado en materia fiscal los es el contador público, el licenciado en derecho y le siguen otras profesiones como lo son los licenciados en administración de empresas y economía. Sin embargo este tipo de profesionistas necesitan ampliar su preparación sobre la materia y por ello van más allá de la licenciatura en cuestión por lo que alguno de estos profesionistas se preparan en especialidades, maestrías y doctorados

Tiempo de preparación

¿Cuál es el tiempo ideal de la preparación para ser consultor fiscal? la respuesta es sencilla pero compleja a la vez; son algunos años de experiencia y preparación, pero si pensamos en términos de obtener un grado académico de licenciatura y a partir de ahí, contar el tiempo, entonces se requerirán de cuando menos 3 años de experiencia en la práctica de la materia fiscal, sobre todo si ésta se realizan en alguna Firma profesional que tenga dentro de sus servicios, la consultoría fiscal. Después de esta etapa ya se puede trabajar en la consultoría fiscal, sin embargo para ser considerado un experto en su campo, sería necesario lograr un grado académico de posgrado como una maestría y después cubrir el tiempo de la especialización, situación que lleva a cubrir otros 5 años en ambas cosas.

En su libro *Automatic Wealth*, Michael Masterson[3] comenta que para lograr un nivel de competencia en su área, una persona, necesita alrededor de 1000 horas y para llegar a ser un maestro en dicha área de competencia necesita 5000 horas de estudio y práctica. Creo que puede ser un excelente parámetro para lograr resultados de éxito en esta labor

En realidad va a depender mucho de lo que cada quien persiga en su campo de preparación, conocimientos, experiencia y además que haya encontrado tal vez una oportunidad en la solución a problemas de carácter fiscal, sin embargo, el consultor se va a dar cuenta de que ya está listo para vender sus servicios cuando es requerido para una consulta, para impartir un curso, una conferencia, escribir un artículo o bien impartir una cátedra en alguna escuela de las profesiones antes citadas

---

[3]   Masterson, Michael *Automatic Wealth* Ed. Wiley, año 2005,pág.137

EJERCICIOS DE ACCIÓN

1.- Tome una decisión hoy de que va a lograr su independencia profesional para los años por venir. Determine la fecha y haga suya la meta de ser independiente en esta área. Puede preparar un plan de acción con fechas.

2.- Prepare un programa con una proyección a 10 y luego a 20 años e imagine su vida cómo sería siendo un consultor independiente. Qué pasos podría tomar para hacerlo realidad

3.- Comprométase con la excelencia en su campo. Identifique una habilidad que haya desarrollado como la de preparación de declaraciones fiscales, análisis patrimonial o si distingue cuáles son los pasos que realiza una Autoridad fiscal cuando ejerce sus facultades de comprobación.

4.- Una vez que identifique la habilidad que tiene, resuelva hacer más que los demás para empezar a ser un especialista en su campo.

5.- Rechace la zona de comodidad y ponga su energía en movimiento. No se detenga por las situaciones u obstáculos que pueda ver al principio, como la familia, el dinero o el tiempo.

6.- puede inscribirse a alguna revista especializada o bien empezar a buscar alguna Institución en donde le pueda ofrecer la especialidad que busca.

7.- busque en un Directorio empresarial cuántas empresas están inscritas y empiece a ver a qué se dedican para que empiece a conocer sus mercado e imagine cuáles servicios les puede ofrecer

CAPÍTULO II

Qué Necesita El Mercado
De La Consultoría Fiscal

*"El contribuyente es una persona que trabaja para el Gobierno pero
sin haber hecho las oposiciones a funcionario"*
-Ronald Reagan

Recuerdo la primera vez que un cliente me solicitó mis servicios de consultor, me moría de ganas por atenderlo, tanto así que no observé ni puse atención a lo que realmente el cliente necesitaba, sólo me concreté a decirle que todos sus problemas serían resueltos con la ayuda de su equipo de trabajo y que íbamos a hacer hasta lo imposible para que en poco tiempo regularizara su situación fiscal, a lo que mi cliente accedió sin hacer objeciones, pero tiempo después, me comentó que en realidad él quería resolver su principal problema, el de crecer sin tener los problemas de no poder pagar sus impuestos en las fechas y plazos establecidos por las Leyes fiscales respectivas.

Identificar lo que necesita el mercado por parte del consultor en materia fiscal es su tarea más importante para desarrollar este servicio debido a que gracias a esta identificación podrá ofrecer los servicios que más se adapten a las necesidades del cliente y sobre todo solucionen tales necesidades, en el momento adecuado y con la oportunidad de las circunstancias

Después de realizar este paso, el consultor tendrá que hacer una labor de ventas para darle valor a sus servicios y sobre todo pueda ver reflejado el interés por parte de sus futuros clientes o bien, los que ya tiene en su cartera.

Con la experiencia adquirida, un consultor debe saber cuáles servicios puede ofrecer, las épocas y la oportunidad de los servicios y tal vez el momento adecuado, como por ejemplo, si va a ofrecer ventajas de las deducciones personales para las personas físicas en su declaración, lo más adecuado sería que se anticipara al mes en que se debe presentar la declaración anual que en este caso sería el mes de abril de cada año

Capacitación a personal de su cliente

Con las modificaciones constantes a diferentes leyes fiscales, sobre todo las que van a entrar en vigor al iniciar el ejercicio fiscal (año de calendario) y debido a que los ejecutivos de las empresas generalmente se encuentran ocupados en sus tareas cotidianas, se hace necesario que esto tomen cursos y talleres o asistan a reuniones informativas sobre el tema, de tal suerte que dichos ejecutivos y personal de las empresas se capaciten en el cumplimiento de las disposiciones fiscales y sobre todo, puedan aplicar dichas disposiciones reformadas con la prontitud que se requiere.

Este tipo de servicios por lo regular son requeridos al finalizar el ejercicio fiscal o bien al iniciar; pero a veces las empresas solicitan una capacitación constante y que de acuerdo a un programa se puede lograr durante el ejercicio.

A parte de las reformas a diferentes leyes, a veces las empresas y los contribuyentes requieren de cierta capacitación en temas que necesitan aplicar y que en un momento dado se han dejado olvidados por parte de los mismos, como por ejemplo; las obligaciones fiscales en materia laboral (determinación de cuotas de seguridad social, determinación de la participación de los trabajadores en las utilidades, cálculo y retención del Impuesto Sobre la Renta en ciertas prestaciones laborales, etc.,etc.,.

A parte de las necesidades propias de la actualización en las modificaciones fiscales, sería preciso considerar que los conocimientos adquiridos se van haciendo obsoletos, razón por la cual en varias profesiones se ha requerido de la actualización de éstos a través de diferentes medios como es el caso de la certificación de las profesiones como lo es la de contador público y que varios ejecutivos que cuentas con una licenciatura o maestría, con el tiempo pueden caer en el rezago, con las correspondientes consecuencias de seguir haciendo sus labores con conocimientos obsoletos. Razón suficiente para que el consultor encuentre esta oportunidad muy atractiva y por ende pueda convencer a su cliente de dicha necesidad

Opciones para darse de alta en un padrón fiscal

Hace algunos meses acompañé a un contribuyente a darse de alta en el Padrón Fiscal del Servicio de Administración Tributaria, un negocio interesante y que podría detonar en un desarrollo para su comunidad en forma importante, si el contribuyente hubiera planeado cómo darse de alta y revisar la mejor opción que las leyes le otorgan a los contribuyentes para tributar, no hubiera pasado por dudas y obligaciones que no le correspondía cubrir y sobre todo el posible ahorro de recursos financieros y de tiempo que tuvo que erogar como consecuencia de una mala planeación en su registro inicial.

Aun cuando este servicio se puede obtener de forma gratuita en el SAT, es recomendable que cuando los contribuyentes encuentren una oportunidad de hacer negocios, o bien quieran crear uno, la sugerencia sería de decirle a éstos de las ventajas de contratar a dos expertos en el tema: el contador público como consultor en finanzas y derecho fiscal y el licenciado en derecho como consultor en el derecho en general y de ser posible en el derecho fiscal.

Un negocio, una idea o en general una aventura empresarial puede llegar a tener todo el éxito que se merece por el simple pero importante hecho de crearse, emprenderse y arriesgarse a hacerlo, por lo que resulta indispensable que el consultor le haga saber a este tipo de empresarios sobre la importancia de cumplir con sus obligaciones fiscales, con pagar de la manera proporcional y equitativa que le indiquen las leyes fiscales respectivas y en general escoger la manera de tributar de la mejor forma posible que más le satisfaga y le convenga dentro del marco de ley.

Si bien es cierto que es obligatorio pagar impuestos, también es cierto que las leyes le dan la oportunidad al contribuyente de determinar sus contribuciones y escoger las opciones que las leyes fiscales le otorgan.

Esta es la importancia de contratar a un buen consultor fiscal antes de iniciar con el negocio en puerta; se pueden ahorrar dolores de cabeza y dinero si hay una buena planeación jurídica y financiera sobre los que se pretende hacer.

Una buena metodología para este servicio consiste en desarrollar cinco puntos básicos que son:

    1.- Entrevista con el futuro prospecto.

2.- Informar sobre las ventajas de la planeación jurídica y financiera.

3.- Cuestionario general de información detallada.

4.- Plan por escrito de alternativas para tributar

5.- Trámites necesarios de registro.

1.- Entrevista con el futuro prospecto

Motivar al emprendedor para que tome en consideración las estrategias y sobre todo la guía que puede representar un buen consultor fiscal por su experiencia en el conocimiento de los negocios y de acuerdo a lo que indican las leyes fiscales respectivas, será una tarea importante y además una gran responsabilidad, ya que de su orientaciones dependerá en mucho el éxito del negocio o proyecto que tenga un emprendedor. Todo ello se logra si el consultor consigue la entrevista con su futuro cliente

2.- Informar sobre las ventajas de la planeación jurídica y financiera

En dicha entrevista se le harán de su conocimiento las ventajas de iniciar un negocio o proyecto con la orientación necesaria y sobre todo en la realización de una actividad básica que todo negocio necesita: planeación de las alternativas jurídicas y financieras que las leyes otorgan a los contribuyentes para escoger su mejor forma de tributar. Al hacerlo el cliente se sentirá con mayor confianza para desarrollar su negocio e incluso para fomentar el empleo.

3.- Cuestionario general de información detallada.

Para poder lograr identificar las mejores alternativas será necesario que el consultor prepare un cuestionario general de información en donde recabe aquella que sea estrictamente necesaria y al hacerlo se debe informar al cliente de su confidencialidad, porque tal vez involucre la información propia, de su familia y futuros socios.

Este cuestionario abarca preguntas tales como: cuál va a ser la actividad del negocio?, cuál es su mercado potencial, cuál es su crecimiento esperado de 0 a 5 años, a 10 a 15 y 20 años?, quiénes serán sus proveedores?, tendrá actividades de comercio exterior?, tendrá empleados el negocio? Quiénes serán sus socios? Cuál es el patrimonio actual del emprendedor? Cuál es el importe del capital inicial?, cuál ha sido su experiencia anterior, ya ha sido registrado en un padrón fiscal? Etc., etc.,

4.- Plan por escrito de alternativas para tributar

Posteriormente, después de concluir el cuestionario se debe analizar y confirmar en algunos casos la información recaba, para precisar algunos temas al respecto. Al analizar la información, el consultor hará una imagen de cómo se vería el negocio ante diferentes figuras jurídicas haciendo una relación de las ventajas y desventajas de usar por lo menos tres alternativas para tributar al iniciar las operaciones de su cliente.

Un profesional entrega su reporte o informe con esta información para que sea claro y su cliente pueda decidir aquella que más le favorezca, desde sus intereses particulares y hasta los de su empresa o negocio.

5.- Trámites necesarios de registro

Cuando el consultor le ha entregado un plan por escrito de las alternativas que le pueden favorecer a su cliente y éste elija una, entonces el consultor propondrá encargarse de los trámites necesarios para que el negocio quede debidamente registrado ante las dependencias gubernamentales a las que haya lugar, sin embargo el registro ante el SAT, es la clave porque ahí quedan plasmadas las obligaciones fiscales que se derivan de la figura jurídica del nuevo negocio. Con ello pueden reducirse los posibles errores u omisiones que algunas veces derivan en trabajos innecesarios o en posibles multas fiscales antes reiniciar el negocio

Revisión de cumplimiento de obligaciones fiscales.

Cuando se aumentan nuevos impuestos y la complejidad para determinarlos es frecuente, los contadores y administradores de las empresas, encuentran esta labor un poco difícil de manejar por sí mismos. Por ello generalmente piden la asesoría de profesionales externos para confirmar la forma de haber cumplido con sus obligaciones fiscales o bien, solicitan que dichos asesores, les revisen su determinación con la finalidad de asegurarse que no han cometido errores en este proceso.

Los dueños de empresas o socios o accionistas que saben de la importancia del cumplimiento de las obligaciones fiscales no dejan que dichas actividades recaigan en una sola persona, por lo tanto saben de la responsabilidad y la quieren compartir con un buen asesor.

Adicionalmente existen varias obligaciones fiscales que ameritan ser revisadas por otra persona, por lo tanto este servicio se hace indispensable en cualquier negocio. Se recomienda sobre todo llevarlo a cabo u ofrecerlo en pequeñas y medianas empresas que no cuentan con el personal suficiente y calificado para hacer este trabajo, pero que si cuentan con un contador que requiere de este tipo de apoyo.

El cumplimiento de obligaciones fiscales requiere de tres elementos básicos: una contabilidad al corriente; que las declaraciones fiscales estén cumpliéndose oportunamente y que los registros contables coincidan con dichas declaraciones. Este trabajo es tan importante como el desempeño de la empresa con sus clientes, por ello es esencial. que el consultor fiscal pueda ofrecer este servicio con la convicción de aportar a su cliente la seguridad y el posible ahorro financiero en el mediano y largo plazo. De no hacerlo es posible que los contribuyentes estén sujetos a multas, recargos y a molestias innecesarias por parte de autoridades fiscales, situación que siempre será de mayor costo que la de contratar a un consultor fiscal.

Para determinar las contribuciones fiscales, muchas veces requiere de tener buena experiencia y preparación profesional, porque en algunas situaciones habrá que trabajar con leyes, pero en otras con otros elementos como decretos, reglas de carácter general, acuerdos, criterios, etc., etc., esta labor la puede desempeñar el persona profesional de la empresa pero siempre bajo la supervisión de otra persona como lo es el consultor fiscal

La recuperación de impuestos a favor.

Pagar impuestos es muy difícil, porque significa compartir con el fisco una parte de las ganancias, sin que éste de forma directa haya movido un dedo; también es difícil por los controles que pide y por la forma de determinar las contribuciones que quiere se le recauden por cuenta de él o bien se retengan a terceros.

Bueno es muy difícil pagar impuestos, sin embargo se debe cuidar no pagar en exceso o en forma indebida ya que resulta muy difícil recuperar la parte de la que se ha tenido a favor como consecuencia de haber "causado" una cantidad menor al importe de los pagos provisionales o bien, haber pagado algo indebido como lo puede ser una retención impropia, pagar una multa que no se debía o que resultó inexistente a causa de una resolución por haber interpuesto un medio de defensa.

En cualquier caso, cuando una empresa tenga saldos a favor de contribuciones, el fisco está obligado a devolverlas porque así le indica la ley, pero el contribuyentes debe solicitarlas, salvo que la Autoridad respectiva lo haga de oficio, como sucede con el SAT en contribuciones que son con importe a favor menores a $ 10,000.00, sin embargo en montos superiores a esta cantidad, es indispensable que el contribuyente haga su respectiva solicitud.

La revisión y procedencia de los saldos a favor de los contribuyentes la puede hacer el propio contribuyente, sin embargo en algunas situaciones puede requerirse de la revisión de un contador público con registro ante el SAT, para casos como el IVA y el IDE.

En otros casos se requiere revisar que dichos saldos no hayan prescrito. También es necesario actualizar dichas contribuciones para evaluar la recuperación vía devolución, o bien, optar por compensar dichos saldos a favor que es otra vía de recuperación de tales saldos a favor

La compensación es otro camino que la ley le otorga al contribuyente y que puede resultar más económico porque resulta más corto en tiempo y en trámites burocráticos.

En cualquier caso, el consultor debe ser un experto en la determinación de contribuciones para evaluar la procedencia, el tiempo y el camino viable para el contribuyente, de lo contrario, si el saldo a favor, por cualquier causa no es procedente, el contribuyente puede verse afectado, incluso puede ser sancionado con posibles multas, recargos y hasta con pena corporal si es que el contribuyente usó datos o documentos falsos para determinar un saldo a favor. Esta situación la puede revisar el consultor y decirle e informarle al contribuyente sobre su procedencia y tiempo en su recuperación.

El uso adecuado de las opciones fiscales

Siempre será bueno analizar cuando las operaciones cotidianas que hace un contribuyente para revisar si las leyes fiscales respectivas le otorgan opciones para su cumplimiento; en algunos caso dichas opciones resultan favorables al contribuyente a cambio de no modificar las mismas en un periodo mínimo de un ejercicio.

A veces los impuestos no pueden dejar de pagarse como sucede en el caso del ISR, pero sí podrían diferirse o bien encontrar sólo una parte del ingreso gravado y otra parte exenta, como sucede cuando una persona vende su casa habitación.

En otros casos las disposiciones fiscales otorgan facilidades al contribuyente para cierto cumplimiento como pueden ser sobre deducciones que realizan los contribuyentes dedicados a actividades agropecuarias; lo es también cuando la Ley del ISR le otorga facilidades a una persona física con actividad de uso o goce temporal de bienes de deducir un 35% en lugar las erogaciones con comprobantes que normalmente se le da a cualquier contribuyente.

Hay decretos también que proporcionan alguna ventaja de diferimiento del ISR, como puede ser el uso de la deducción inmediata.

En cualquier caso, los consultores fiscales estarán atentos con el contribuyente a fin de informarle de este tipo de alternativas para que éstos tomen las decisiones que les favorezcan y puedan conseguir su productividad fiscal

La importancia de dictaminar sus estados financieros

Los emprendedores deben conocer e identificar una labor de hacer examinar o revisar sus cuentas y e general las cifras que muestran los estados financieros de sus compañías a una fecha determinada con el objeto de que un tercero pueda opinar sobre la razonabilidad de dichas cifras mostradas. Esta revisión la llevan a cabo contadores públicos calificados para ello, mediante procedimientos y normas de auditoría.

La revisión que se hace de los estados financieros es una buena práctica de negocios reconocida mundialmente dentro del entorno de las empresas, por lo que en nuestro país también ha sido reconocido por el mundo empresarial. Las autoridades fiscales le han dado el valor que merece dicho dictamen a tal grado que han promovido dentro de los contribuyentes la incorporación del mismo y que aunado a ello les den alcance fiscal, es decir, que como parte de la opinión que va a expresar un contador público sobre las cifras que muestran los estados financieros de un negocio a una fecha determinada, también se proporcione un informe sobre el cumplimiento de las obligaciones fiscales.

Por supuesto, esta labor sólo la pueden desempeñar contadores públicos que cuenten con un registro que les proporcione el SAT y que deben de cumplir con requisitos para tal fin.

Dentro de las ventajas para los negocios de contar con un dictamen de estados financieros con alcance fiscal, están las de que puede disminuir las molestias por parte de las autoridades fiscales a dichos negocios. Por otra parte, se reducen los plazos legales para cuando un contribuyente desea solicitar devoluciones de saldos a favor.

Un consultor fiscal podría solicitar la información de las cifras que han sido revisadas o dictaminadas por un contador público independiente ya que su confiabilidad le permite ofrecer a su cliente posibilidades de trabajar en las áreas de oportunidad y mejorar aquellas que muestran cierta debilidad o bien atender nuevas opciones financieras que se abren al llevar a cabo.

Apoyo en el ejercicio de las facultades de las autoridades fiscales

El ejercicio de las facultades por parte de las autoridades fiscales en México se ha convertido en una verdadera molestia para los contribuyentes y en una necesidad para las propias autoridades fiscales debido a la baja recaudación fiscal.

Para los contribuyentes que son sujetos a este tipo de ejercicio de facultades es molesto debido a que se tienen que cumplir con muchas formalidades para el caso, desde atender por escrito la molestia, hacer citatorios en su caso, identificación de quienes participan en una visita domiciliaria hasta atender por un año y a veces más tiempo a las autoridades fiscales para que finalmente éstas puedan verificar si el contribuyente ha cumplido con sus obligaciones fiscales. Si se trata de revisiones de gabinete, ha habido veces en que las autoridades fiscales piden tanta información y documentación sobre las mismas que resultaría más práctico desde el punto de vista de molestia a los contribuyentes que las autoridades les practicasen una visita domiciliaria en lugar de una revisión de gabinete.

Para las autoridades es una necesidad aumentar este tipo de molestias a los contribuyentes por la baja recaudación fiscal que hay en México, sin embargo ha habido veces en que por diferentes razones algunos contribuyentes son sometidos ejercicio fiscal tras ejercicio fiscal a verdaderas molestias, situación totalmente injusta debido a que el contribuyente tiene que invertir en personal administrativo para su cumplimiento de obligaciones fiscales y si le agrega las molestias por parte de éstas en forma periódica, entonces el resultado de este tipo de acciones se convierte en una baja productividad para ambas partes; el contribuyente invierte mayores recursos económicos y financieros para cumplir con sus obligaciones fiscales; la autoridad invierte este tipo de recursos para recuperar parte de aquellos que no pagan, o bien, que pagan en forma ilegal.

Cuando los contribuyentes desafortunadamente se encuentren en alguna causa de molestia por parte de las autoridades fiscales, es recomendable asesorarse por un consultor en materia fiscal que conozca del proceso a fin de evitar o reducir la posibilidad de invertir mayores recursos en el cumplimiento de las obligaciones fiscales, ya que en algunos casos se ha detectado que en su afán de aumentar una recaudación fiscal, las autoridades fiscales incurren en violaciones legales o en determinar créditos fiscales en forma ilegal y por el contrario, en algunos casos, el contribuyente a sabiendas de que quizá tenga algunas omisiones o faltas en el cumplimiento de sus obligaciones fiscales, llega a pagar créditos fiscales " sin ver", es decir, sin analizar sobre la legalidad de los mismos.

Optando por una cultura de cumplimiento voluntario de las obligaciones y sobre todo las fiscales, es necesario que el contribuyente cuente con un consultor fiscal para cuidar que las autoridades solo tengan que hacer lo que la ley les dice. Es muy fácil pero en la práctica resulta difícil

Apoyo en el uso de los derechos de los contribuyentes

Vivimos en un estado de derecho consagrado en nuestra Constitución, si bien es cierto que los contribuyentes tienen que cumplir con serie de obligaciones fiscales, cuando reciben ingresos o llevan a cabo negocios, también lo es de que cuentas con derechos y así dicha Norma señala en su artículo 5º. " que todo ciudadano puede dedicarse a la profesión arte, comercio, oficio que mejor le plazca, siendo lícito...", quiere decir que cuenta con la libertad de escoger a qué dedicarse con la única condición que no sea algo en contra de la Ley; aplicando un principio jurado que dice que los particulares pueden hacer todo lo que no esté prohibido por la ley, es decir, " todo lo que no está prohibido, está permitido.

También es cierto que los contribuyentes están obligados a pagar impuestos, así lo dice la Constitución y el CFF, pero también esta última Norma dice que le corresponde a los contribuyentes determinar sus propias contribuciones (art. 6o. CFF), y en la parte final de dicho artículo dice que…" cuando las leyes fiscales otorguen opciones a los particulares, la elegida por éstos no la podrán variar respecto de un ejercicio.". sin lugar a dudas que es importante para el contribuyente que conozca sobre estos derechos ya que de esa forma podrá cumplir con sus obligaciones fiscales de la manera más económica posible.

Así podríamos mencionar otros derechos como sería el caso a la autocorrección cuando a un contribuyente se le estén practicando facultades por parte de las autoridades fiscales, desde el mismo momento en que se le notifica de tal acción.

Es posible ser cumplido en un estado de derecho, para ello el consultor debe informar sobre las obligaciones y los derechos de los contribuyentes para que éstos en cualquier tiempo que sea necesario los pueda ejercer.

Revisión de las alternativas de los medios de defensa.

Este es otro tipo de servicios que el consultor puede aportar a los contribuyentes cuando desafortunadamente estos se encuentren en una situación tal que les sea impráctico resolver alguna situación legal sobre todo cuando hay controversia entre lo que dice o hace una autoridad fiscal como consecuencia del ejercicio de sus facultades y lo que el contribuyente tiene en sus manos, dice o hace en relación a una respuesta o resolución de dicha autoridad.

Generalmente las autoridades cuando practican el ejercicio de sus facultades que la ley les brinda, es porque tiene indicios, información propia o de terceros o existe algo incongruente presentado por el contribuyente en sus declaraciones de impuestos. Esto le lleva a la autoridad a querer determinar algún crédito fiscal, incluso como consecuencia de haber invertido recursos en esta actividad, lo que sin duda alguna es el resultado de la justificación o el porqué hacer una molestia a un contribuyente.

Justificado o no, con razón o sin razón, actualmente todas las acciones de las autoridades persiguen el fin recaudatorio, lo que hace en algunos casos, que haya puntos de vista de ambas partes o bien, la autoridad haga cosas que la ley no le autoriza, ejerza facultades discrecionales cuando no debiera o en su caso, determine créditos fiscales mayores a los realmente debidos por parte de los contribuyentes.

Adicionalmente a esto, el laberinto burocrático en que algunas veces una resolución tiene que pasar hace que las autoridades podrían cometer errores o vicios legales en su determinación.

Las leyes les otorgan a los contribuyentes medios de defensa en contra de actos administrativos o resoluciones emitidas por la autoridad, en algunos casos son optativos, como el recurso de revocación previsto en el CFF antes de acudir al TFJFA.

El consultor que conoce de los medios de defensa le puede recomendar a sus clientes cuál tomar, dependiendo de cada caso, de la importancia del asunto y del tiempo o recursos financieros que el contribuyente esté dispuesto a invertir, ya que cada medio de defensa reviste características especiales y el tiempo puede ser de mayor duración en el juicio de nulidad o demanda, que en el recurso.

Respuestas a preguntas de sus clientes y personal de éstos

Como consecuencia de la creación de nuevos impuestos, modificaciones en diferentes leyes fiscales o bien en reglas sobre procedimiento para cumplir con las obligaciones de los contribuyentes, los funcionarios y empleados del cliente del consultor llegan a tener preguntas, mismas que son habitualmente son resueltas por teléfono o vía internet.

Este tipo de preguntas y respuestas llegan a realizarse en forma sistemática y periódica por ambas partes, por lo que resulta hasta necesario que el consultor ofrezca su disposición a ello, ya que le aporta un valor agregado a la empresa que busca cumplir adecuadamente con sus obligaciones fiscales.

Apoyo en decisiones estratégicas de negocios.

La competencia global llegó para quedarse, es un hecho que varios negocios han sobrevivido gracias al respeto de su mercado y fidelidad de sus clientes, sin embargo, se observa como varias actividades, costumbres y rapidez con la que el mercado reacciona, hace que los negocios se adapten o se transformen para estar a la vanguardia de tal competencia.

Eso lo debe observar el consultor fiscal para adelantarse a la oportunidad que busca su cliente y con ello brindarle la asesoría adecuada y oportuna sobre decisiones importantes en su vida empresarial como lo serían las fusiones, compras de negocios, liquidaciones, reconocimiento y valuación de intangibles.

Este tipo de decisiones financieras tienen su consecuencia fiscal, por lo que habrá que estar adentrado en lo que busca su cliente, permaneciendo siempre en forma neutral bajo un Código de conducta para evitar hacer sugerencias porque le conviene al consultor debido a la generación de honorarios, ya sea que sean reconocidos por su cliente o si no los son.

De la contabilidad y la forma de llevarla.

Esta área de consultoría es tan importante como todas las preguntas de carácter fiscal que tenga su cliente porque involucra precisamente al área fiscal, ya que la contabilidad es el alma del negocio y como es sabido empresa que no lleva contabilidad, empresa que va rumbo al fracaso.

En esta parte solo mencionaré que cada operación que realice la empresa debe estar amparado con un documento fuente, que no necesariamente debe tener requisitos fiscales, como sería un préstamo, un anticipo, etc., etc… Los registros deben estar preparados para ser revisados o verificados por otra persona ajena a quien preparó los registros y libros contables y finalmente la contabilidad debe conservarse de acuerdo los plazos señalados en el Código de Comercio y las disposiciones del CFF.

El consultor fiscal debe orientar al contribuyente sobre aplicar practicas adecuadas de la contabilidad, es decir, que ésta se lleve de acuerdo a las normas de información financiera que le sea aplicable, de acuerdo al giro y tamaño de la empresa, ya que es la base para cualquier toma de decisiones incluyendo las fiscales. De no tener un soporte adecuado de la misma, las decisiones fiscales podrían estar sin el debido sustento y sobre todo comenzar a correr riesgos innecesarios de todo tipo.

Consejos útiles sobre la responsabilidad solidaria

Ante la presión normal que ejercen las autoridades fiscales de aumentar la recaudación tributaria, éstas cada vez llevan a cabo procedimientos más severos, registros de información más amplia y solicitan más documentos y datos sobre los contribuyentes, sus representantes legales y sobre los socios o accionistas de personas morales. A su vez están buscando por todos los medios a su alcance que cada vez haya más personas que sean responsables solidarias con el contribuyente.

Han propuesto reformas al CFF para inmovilizar cuentas bancarias y recientemente dichas autoridades fiscales han pedido en sus requerimientos de información hechas a los contribuyentes, se les informe de todas las características sobre los bienes de éstos, a si como de sus cuentas bancarias; ello obedece al incremento de responsabilidad solidaria que busca la autoridad fiscal.

Por ejemplo el Código Fiscal de la Federación en su artículo 26 involucra a los socios en la responsabilidad solidaria. Los socios o accionistas son responsables solidarios con la persona moral y su responsabilidad en las contribuciones omitidas será equivalente en la proporción con la que participaron en el capital social.

El citado artículo en su fracción X, dispone que los socios o accionistas son responsables solidarios respecto de las contribuciones que se hubieran causado en relación con las actividades realizadas por la sociedad cuando tenían tal calidad, en la parte del interés fiscal que no alcance a ser garantizada con los bienes de la misma, sin que la responsabilidad exceda de la participación que tenían en el capital social de la sociedad durante el período o la fecha de que se trate.

Por ejemplo, si una persona moral tiene un capital social de $ 50,000.00 con dos socios y cada uno aporta $ 25,000.00, es claro que cada socio participa en el capital social en una proporción del 50%, por lo que si posteriormente se determina un crédito fiscal a cargo de dicha persona moral en cantidad de $ 10'000,000.00, y la misma se declara insolvente para cubrir tal crédito, entonces cada socio será responsable solidario por el 50% de dicho crédito fiscal, es decir, cada socio deberá cubrir con su patrimonio personal la cantidad de $ 5'000,000.00

Aunque no se dice expresamente, es perfectamente cierto que la intención de la autoridad es aplicar dicha norma en todos los casos, por las causales y situaciones que involucren la insolvencia de la Entidad Económica y que deben tomar en consideración los contribuyentes y sus asesores fiscales.

Este tipo de modificaciones al Código Fiscal de la Federación es un excelente motivo para que la Autoridad incremente su recaudación y a su vez es un buen motivo para el emprendedor, analizar la conveniencia o inconveniencia de constituir nuevas personas morales, o incluso de seguir operando las existentes, pues es una realidad que hoy en día las personas morales no cuentan con ventajas fiscales por lo menos como negocio, empresa o Entidad que desarrolla nuevas oportunidades de empleos y en general de ser parte o motor de nuestra economía; por el contrario implican graves cargas legales y económicas para los socios, accionistas y representantes legales, que se agravan cada vez más, año con año, por lo que salvo contadas excepciones, el fisco debe analizar bien este tipo de fenómenos antes de proponer reformas fiscales, ya que ello desestimula la inversión nacional y extranjera.

Para quienes quieren darse la oportunidad de abrir un negocio a través de una persona moral, sería conveniente tomar en cuenta este cuerpo normativo que se analiza, buscar a un consultor fiscal para que éste, junto con su abogado, les comente cuál de las 6 tipos de sociedades mercantiles les ayudaría mejor, pero sobre todo, cuál es la responsabilidad fiscal que tiene cada uno; cuántos socios deben participar en la persona moral y reducir al mínimo los posibles perjuicios fiscales, económicos y penales que pudieran enfrentar los mismos.

Si las Autoridades fiscales promueven medidas cada vez más amenazadoras en contra de los socios, accionistas y representantes legales de las personas morales, corresponde a éstos y a sus asesores buscar las medidas preventivas que los liberen de ellas, o bien, prever otras formas o figuras legales menos riesgosas de hacer negocios.

Esta actividad constituye por sí misma una intimidación al propio contribuyente y a sus socios, quienes alertados de tal situación, buscan la forma de obtener consejos útiles por parte de expertos en la materia, ya que por obvias razones está de por medio el patrimonio de su empresa y tal vez el personal.

En otras ocasiones, también ha habido propuestas de involucrar al contador público en la responsabilidad solidaria, cuando éste prepara, determina y presenta declaraciones de impuestos. Afortunadamente para el contador público dichas propuestas no han prosperado por considerarse que el contador público no tiene nada que ver con el contribuyente, ya que éste es el responsable del cumplimiento de sus obligaciones fiscales.

El Código Fiscal de la Federación, actualmente sólo prevé la posibilidad de una sanción económica a quienes asesoren fiscalmente a un contribuyente, si por supuesto dicha asesoría va en contra de los criterios de la Autoridad, infracción que no se cumpliría si el asesor fiscal manifiesta por escrito que dicha asesoría podría ser contraria a los criterios de la autoridad

La participación del consultor fiscal en esta importante área es decisiva para la buena marcha de los negocios ya que se busca que cada día haya más negocios o empresas y no lo contrario debido a presiones de carácter fiscal, así mismo ofrece a los socios o accionistas de una persona moral toda la información necesaria para que realicen lo que saben hacer: mover el dinero en sus negocios.

Asesoría en decisiones patrimoniales

Un inversionista que anda en busca de las mejores oportunidades de hacer que su dinero sea productivo, solicita de los expertos sus consejos, y éstos son pagados muchas veces de buena manera y a buen precio por el hecho de orientar aquellas actividades en las que las leyes fiscales otorgan mayores oportunidades de inversión, pero que también hay menos riesgo en las decisiones patrimoniales de los mismos.

Conociendo al inversionista y su forma de vida, se pueden dar dichos consejos y minimizar los riesgos inherentes de las inversiones que se pretenden hacer.

Nuevamente la sugerencia es que habrá que documentar todas las operaciones y además conservar tal documentación con los cuidados necesarios.

En este punto y regresándonos un poco al Código Fiscal de la Federación, las reformas y modificaciones que se han hecho a este cuerpo normativo constituye una amenaza fuerte al patrimonio de los contribuyentes, puesto que se le han otorgado facultades en exceso a las Autoridades hacendarias.

Si bien es cierto que la recaudación fiscal en México no ha crecido lo suficiente como para tener una economía competitiva, derivado del incumplimiento, de la evasión y del uso de engaños por parte de los contribuyentes para reducir su carga fiscal, también es cierto que las constantes modificaciones y el exceso en otorgar facultades a las autoridades hacendarias y por ende disminución de los derechos de los contribuyentes ha hecho de nuestro Sistema Tributario, un sistema fiscal represor, poco competitivo y en exceso burocrático, pero lo que más inquieta a los contribuyentes es lo intimidatorio que resulta dicho ordenamiento, puesto que las facultades otorgadas a las Autoridades pueden poner en peligro, en un momento dado al patrimonio de los contribuyentes.

Por ejemplo, me permito tan sólo citar el caso del embargo de bienes, la presunciones legales con una fuente de base datos ajena a la que tienen las propias autoridades, la inmovilidad de cuentas bancarias, las correcciones sobre procedimientos que hayan aplicado dichas Autoridades en forma errónea en perjuicio del contribuyente cuando estén ejerciendo sus facultades, el excesivo cumplimiento de requisitos para obtener devoluciones de impuestos pagados indebidamente o bien como resultado de la presentación de declaraciones fiscales, el aumento de infracciones y sanciones como consecuencia de aumento de cumplimiento de más obligaciones fiscales y tantas otras más que provocan que a diario el contribuyente vea mermado su patrimonio, independientemente a cuando las Autoridades ejercen sus facultades de comprobación y le determinan a dichos contribuyentes cantidades que no corresponden a la realidad.

Conocí el caso de un contribuyente constituido como persona moral que al no contar con solvencia económica por el importe excesivo de un crédito fiscal que la Autoridad Hacendaria, le determinó en el ejercicio de sus facultades de comprobación, le incurrió en responsabilidad solidaria y cuando dicho representante no pudo pagar con su patrimonio fue sancionado con pena corporal.

Sin recursos económicos y sin patrimonio, dicho contribuyente no pudo realizar su defensa fiscal con medios propios, es decir, ni para un abogado le alcanzó, por lo que el Estado le asignó un abogado de oficio.

Para determinar la cuantía de la sanción corporal era necesario "confirmar" el crédito fiscal que la Autoridad le había determinado a través de un perito, también propuesto por una Universidad Pública por la gravedad económica del contribuyente; yo fui asignado y cuando revisé para confirmar el monto del crédito fiscal que la Autoridad le había determinado, me di cuenta que dicha Autoridad se había equivocado en su favor en el equivalente de un 35% de su monto, es decir, la Autoridad le estaba queriendo cobrar un 35% más de lo que en realidad debía el contribuyente, pero como éste no contaba con patrimonio y menos con un abogado, pues tuvo que aceptar lo que el Estado le determinó.

Actualmente con las reformas fiscales a nuestro Sistema Tributario y en especial al introducir un nuevo impuesto a través de una Ley denominada Ley del Impuesto a los Depósitos en Efectivo en la cual, señala que todo aquel que deposite más de $ 15,000.00 en efectivo en cualquier tipo de moneda, en cualquier Institución Financiera, será objeto de retención del 3% sobre dicho monto. Este impuesto lo pueden recuperar aquellos contribuyentes que causen Impuesto Sobre la Renta, de lo contrario, de no causarlo, no podrán recuperar dicha retención y aquel afectado lo podría considerar como un impuesto definitivo tan sólo por depositar efectivo.

Después de casi tres años de su vigencia, la Autoridad ha empezado a "invitar" a todos aquellos contribuyentes que están o se encuentran en esta situación para que pasen a pagar el Impuesto Sobre la Renta, supuestamente omitido, derivado a dichos depósitos que hicieron en su momento y que el banco o la Institución financiera que les hizo las retenciones le informó a la Secretaria de Hacienda y Crédito.

¿Cuáles están siendo las consecuencias de esta medida?, obviamente, cualquier acción tiene una reacción y las reacciones no se han hecho esperar: los contribuyentes le han empezado a reclamar a "su banco", cancelando, en algunos casos sus cuentas bancarias; en otras situaciones el contribuyente no cuenta con los comprobantes suficientes para desvirtuar lo presumido por la Autoridad, ya que ésta le está dejando la carga de la prueba. El resultado será en su momento un perjuicio para el contribuyente que depositó y no cuidó sus comprobantes por lo que ahora tendrá que pagar con su patrimonio.

El fisco podría allegarse de recursos frescos que legales o no, por la simple acción de presunción le pueden beneficiar. Tal vez la banca vea disminuido el acceso de clientes, ya que éstos con la experiencia, podrían invertir su dinero en otras actividades o lugares en donde no haya retención, que desafortunadamente pueden caer en manos de extorsionadores. Este fenómeno lo debe analizar la Autoridad para que la creación de nuevas Leyes se hagan con sentido social y no sólo recaudatorio.

Como puede apreciar amigo lector, el consultor encontrará un buen tema como lo es la seguridad patrimonial de los contribuyentes para no verse involucrados en poner en riesgo el patrimonio que incluso en algunos casos ya ha cubierto el Impuesto Sobre la Renta.

Consejos útiles antes de invertir en otros países

Hoy en día los capitales no reconocen nacionalidad, están en los países que ofrecen una diversidad de alternativas, tanto productivas como de seguridad. También es cierto que hay Jurisdicciones en donde las tasa bajas de tributación o bien ciertas exenciones son atractivo para muchos inversionistas mexicanos. Por otra parte nuestro país está celebrando Tratados y Convenios Internaciones de intercambio de información para conocer precisamente de inversiones que hagan los residentes en México en este tipo de Jurisdicciones con la consecuencia, en su caso, de hacer las respectivas declaraciones de impuestos, de información y conservación de la documentación de dichas operaciones.

A su vez cuando hay la posibilidad de hacer operaciones con empresas filiales, o establecimientos permanentes en otros países o Jurisdicciones y entonces los precios de transferencias que se aplican para cada tipo de transacción son reguladas y revisadas por el gobierno mexicano a fin de presentar los correspondientes estudios.

El consultor fiscal debe conocer sobre dichos Tratados y Convenios Internacionales de los que México se aparte a fin de ofrecer la información al posible inversionista cuando coloque capital, invierta u obtenga ingresos de fuente de riqueza ubicada en las denominadas Jurisdicciones de baja imposición fiscal.

Estos por mencionar solo una parte de los servicios profesionales que el consultor fiscal tiene al alcance y que de manera oportuna puede ir incrementando de acuerdo al resultado que va obteniendo y a la satisfacción de sus clientes.

e intercambio de información para conocer precisamente de inversiones que hagan los residentes en México en este tipo de Jurisdicciones con la consecuencia, en su caso, de hacer las respectivas declaraciones de impuestos, de información y conservación de la documentación de dichas operaciones.

A su vez cuando hay la posibilidad de hacer operaciones con empresas filiales, o establecimientos permanentes en otros países o Jurisdicciones y entonces los precios de transferencias que se aplican para cada tipo de transacción son reguladas y revisadas por el gobierno mexicano a fin de presentar los correspondientes estudios.

El consultor fiscal debe conocer sobre dichos Tratados y Convenios Internacionales de los que México se aparte a fin de ofrecer la información al posible inversionista cuando coloque capital, invierta u obtenga ingresos de fuente de riqueza ubicada en las denominadas Jurisdicciones de baja imposición fiscal.

Estos por mencionar solo una parte de los servicios profesionales que el consultor fiscal tiene al alcance y que de manera oportuna puede ir incrementando de acuerdo al resultado que va obteniendo y a la satisfacción de sus clientes.

EJERCICIOS DE ACCIÓN

1.- Cree un cuadro mental de usted mismo como un profesional independiente exitoso en la especialidad de fiscal. Combine este cuadro con sus sentimientos de felicidad y orgullo que le denota el ser un especialista en fiscal.

2.- Comience ahora mismo construyendo su propia biblioteca de libros especializados en materia fiscal. Consiga a los mejores autores, tanto nacionales como extranjeros. Leales de 30 a 60 minutos diarios.

3.- Busque en su área donde vive, quiénes son los mejores especialistas en el área fiscal, reúnase con alguno de ellos y comparta con ellos sus ideas, pídales consejos sobre cómo preparase para ser un especialista.

4.- Haga una lista de temas que le llamen la atención y que le guten para que comience a preparar cada uno de ellos. Cada tema es un océano de posibilidades para ayudar a varios clientes que se va a encontrar en un futuro.

5.- Entre a las páginas electrónicas de las Autoridades fiscales para ver los servicios que ofrecen a sus contribuyentes, porque seguramente ahí va a encontrar algún tema que le llame la atención.

6.- Comience a buscar alguna Institución educativa para impartir clases de impuestos en el área que le llamó la atención.

7.- Comience cada día en forma positiva estudiando, leyendo artículos sobre negocios, pero sobre todo busque aquellos que hablan de impuestos.

CAPITULO III

Ética En El Ejercicio Profesional De La Consultoría Fiscal

"Nunca he observado que la honradez de los hombres aumenta con su riqueza."
Thomas Jefferson

Uno de los primeros consejos que me dio mi padre fue el de la honradez. Me comentó que siempre habría que ser honrado aunque se estuviera uno muriendo de hambre. En algunos momentos de mi vida me costó trabajo diferenciar entre la honradez y la integridad, así como también el límite de cada uno de estos valores, puesto que a veces se tiene que buscar ser audaz y esto puede afectar la aplicación de la diferencia entre estos valores. Con el tiempo uno sabe que son pilares de tu actuación profesional y que por ello te puede pagar un cliente un buen honorario porque le vas a brindar una confianza, que en su momento, no tiene precio.

Es bien sabido que todas las cosas y acciones que son bien elaboradas y que se reflejan en un beneficio a la sociedad perduran por muchos años. Para ello, se deben tomar en consideración un conjunto de valores y principios que en algunos momentos son calificados como: morales, de ética y buenas costumbres.

En el ejercicio de la consultoría en materia fiscal, siempre está intrínsecamente relacionada la parte financiera de los contribuyentes, por las siguientes razones: si no cumplen adecuadamente con sus obligaciones fiscales, el costo de hacerlo cuando las Autoridades hacendarias lo descuben, puede ser alto, es decir, puede haber un decremento en sus finanzas; de lo contrario, para que los contribuyentes cumplan adecuadamente con sus obligaciones fiscales necesitan de los servicios de excelentes profesionales en la materia como podrían ser los contadores y abogados, entre otros profesionistas. De hecho en los Estados Unidos de Norte América, recientemente se está llevando a cabo una práctica de certificación de pagadores de impuestos.

Una realidad es cierta: pagar impuestos en México se ha vuelto complicado por el exceso de normatividad, y por la mecánica de pago, retención y recuperación de contribuciones.

Las estadísticas de sobrevivencia de los negocios en sus primeros años de inicio, son abrumadoras. Por ejemplo el escritor Michael E. Gerber[4] en su libro "El Mito E", comenta que según el Departamento de los Estados Unidos de América, indica que de todos los negocios que se abren en ese país, (alrededor de 1 millón de personas inician un pequeño negocio) en su primer año de operaciones, el 40% queda fuera en ese primer año. Dentro de los cinco primeros años el 80% queda fuera, es decir más de 800,000 pequeños emprendedores habrán cerrado sus negocios. Si a ello le aumentamos la posible complicación que en materia fiscal pudieran incurrir dichos negocios, entonces la posibilidad de éxito de los mismos se reduce drásticamente. En México, estarán las estadísticas muy parecidas, pero con su proporción de pequeños emprendedores. Debido a ello, recomiendo ampliamente la práctica de la consultoría fiscal, pero ésta debe ser llevada con ética profesional, para aliviar un poco la carga financiera de las empresas y contribuyentes en general.

Reconocimiento de las obligaciones de los contribuyentes

Dentro de la asesoría fiscal que podrían ofrecer los consultores, debe estar aquella que le indica a sus clientes, cuáles son las obligaciones que en materia fiscal se adquieren al abrir un negocio o realizar actividades que son sujetas al pago de contribuciones, para que una vez reconocidas éstas por parte de aquellos, se conviertan en parte de su cultura empresarial y de contribuyentes cumplidos.

---

[4]   Gerber, Michael E. "The E Myth Revisited 1995,2001 Ed. Harper Business, USA, pág.2

Dentro de la las principales obligaciones de los contribuyentes están las de contribuir al gasto público. El importe de sus aportaciones será determinado en función a las características de la Leyes Fiscales respectivas. Nuestra Constitución señala que dichas Leyes deben reunir dos cualidades primordiales para que sean reconocidas como legales: proporcionalidad y equidad. Sin pretender analizar jurídicamente dichas cualidades, comentaré que ambas se refieren a la justicia contributiva, es decir, a la capacidad tributaria y económica de los gobernados.

Es precisamente estos dos términos que tanto Autoridades Fiscales como gobernados deben analizar para no incurrir en violaciones éticas y morales, porque pueden cometerse injusticias por parte de la Autoridad Fiscal cuando impone impuestos a través de las Leyes Fiscales respectivas, que no reúnen las cualidades antes mencionadas en detrimento del patrimonio de los gobernados, como por ejemplo, puede observarse la falta de simetría en el Impuesto Empresarial a Tasa Única con el Impuesto Sobre la Renta que pagan los contribuyentes personas físicas en su declaración anual, al no permitirles deducir de su base contributiva, las Deducciones Personales, mientras que la Ley del ISR si lo permite, pudiendo darse el caso de pagar IETU por esta situación

Por otra parte, si los gobernados no tienen conciencia de sus obligaciones fiscales, poco esfuerzo harán por cumplir adecuadamente con las mismas y entonces podrían involucrarse en diferentes problemas, incluso recurriendo a medidas de corrupción.

Una vez que al contribuyente se le comentó su principal obligación como lo es el pagar impuestos, habrá que indicarle que tiene otras más, como son: darse de alta en un padrón, llevar y conservar contabilidad, presentar declaraciones mensuales y anuales, dictaminar sus estados financieros por un Contador Público Autorizado, etc., etc., Obligaciones que por supuesto requieren de la experiencia y excelente actualización de un profesional versado en el tema.

Adecuación a un marco legal

Para poder cumplir con sus obligaciones fiscales, el contribuyente requiere de adecuarse a un marco legal que le ofrezca la seguridad razonable del cumplimiento de sus obligaciones fiscales, pero que también le permita aprovechar todas las ventajas fiscales que las Leyes le ofrezcan según el giro o actividad, el tipo de persona jurídica (persona moral o persona física), el tipo de estímulo fiscal que le puede aplicar, las deducciones que las Leyes le ofrecen, el tamaño que representa dentro de la economía, la aportación que puede llevar a cabo, ya sea en el fomento de empleos de la exportación o bien a la creación de valor agregado dentro de la economía, etc.,etc.,

Al adecuarse al marco legal respectivo, se requiere del apoyo del profesional en dicho campo, ya que una mala aplicación o planeación del contribuyente puede hacer que no se cumplan las expectativas de sus dueños o bien no aporte a la economía lo que se espera de tal contribuyente. Ya que el campo del Derecho es muy amplio, resulta necesario identificar hasta dónde el contribuyente puede elegir alternativas de cumplimiento de sus obligaciones fiscales, para no incurrir en errores, será necesario tener a la mano un buen consultor que pueda trabajar bajo principios, valores y práctica de ética profesional que le permita ofrecer un valor agregado a su cliente

Aplicabilidad de un Código de Ética para el consultor y su personal

Como podremos advertir, de los puntos anteriores, el consultor es indispensable para la buena marcha de los negocios, ya que le permitirá aplicar al máximo todos sus conocimientos y experiencia. Por consiguiente será necesario que solicite la mayor información sobre sus clientes y al hacer esto, deberá tomar en consideración el tema de la confidencialidad y otros valores de Ética Profesional.

Hoy en día se ha estado hablando de la falta de ética en los negocios, tanto de los empresarios, sus directivos, así como sus promotores, pero también por parte de sus asesores que por diferentes motivos entre ellos, los de hacer un crecimiento económico más rápido, se consiguen formulas de diferentes escuelas, costumbres o bien simplemente la avaricia entra en juego con este tipo de actitudes y sobre todo de exigencias para crecer.

Por supuesto el medio ambiente mundial que rodea a los negocios hace que sus dirigentes o creadores se involucren de tal suerte que pierden sus valores fundamentales. Hemos escuchado que a nivel mundial los dirigentes de la contaduría pública están preocupados por esta situación y han tomado una serie de medidas para involucrar a los profesionistas de esta disciplina para que se apeguen a un Código Internacional, debido a que se piensa y se llega a confundir los términos ética y moral; si revisamos las raíces etimológicas de las palabras encontramos por ejemplo que en latín, *mores* significa "costumbres"; y en griego, *ethos* significa "costumbres", luego entonces lo que pienso que los negocios y quiénes ejecutan, dirigen y asesoran a las organizaciones deben basar su conducta en las buenas costumbres.

¿Cuáles son esas buenas costumbres?, bueno para mí, esas buenas costumbres se basan en el respeto a las normas establecidas por la sociedad, a los valores de las familias y de todos los habitantes de un país, a la necesidad de vivir con una mejor calidad de vida.

Dicho de otra forma, la civilización de la sociedad está basada en los valores de integridad, honradez, respeto, obediencia, orden, limpieza, ahorro y puntualidad. Estos valores forman parte de las buenas costumbres y por lo tanto para llevar a cabo una estupenda consultoría, el profesional de estos servicios deberá voltear la cara para revisar lo que su civilización hacía hasta antes de entrar en los profundo problemas que está atravesando nuestra sociedad globalizada, ya que en todas partes desafortunadamente se ha visto el uso de malas prácticas de negocios, de familia, de gobierno y de Entidades en lo general.

En cuanto al consultor fiscal se refiere, al externar una opinión o proporcionar sugerencias y/o recomendaciones, deberá cuidar que dichas opiniones, sugerencias y/o recomendaciones estén sustentadas en la práctica de las buenas costumbres, es decir, en un Código de Ética profesional aplicable a su actividad.

Las Entidades toman decisiones y muchas veces se basan en acuerdos y sugerencias de sus consultores, por lo que se ven influidas e la forma y estilo de la recomendación u opinión. Sin embargo también la Entidad debe tener un Código de Ética Empresarial para contratar a sus consultores que posean un Código de Ética Profesional.

En materia de auditoría de estados financieros, trabajos de atestiguamiento y otros servicios relacionados, se ha establecido como parte de la cultura de la calidad una Norma Internacional de Control de Calidad (ISQC1), por sus siglas en inglés[5] que indica que todas las Firmas de Contadores

---

Públicos Independientes que presten tales servicios, para cumplir con dicha norma deben atender en primer orden, el Código de Ética Profesional Internacional.

Hoy en día, ante la revolución tecnológica, la globalización de las empresas y de los mercados de capitales, van generando distorsiones de lo que significa la aplicación de una cultura basada en las buenas costumbres ya que cada país, entidad y personas tienen diferentes conceptos de uso de estas buenas costumbres, pero fundamentalmente resulta necesario entonces adecuar cada Código de cada país al internacional, incluyendo a la consultoría fiscal.

Podríamos recordar que a raíz de la crisis de confianza a nivel mundial, iniciada en los primeros años del presente siglo, por malas prácticas en el desarrollo de negocios, así como en la forma de reportar o informar algunas transacciones en los estados financieros de las Entidades, generó en una crisis financiera sin precedentes, con lo cual también provocó analizar dicha situación desde el punto de vista fraudulento. En esta parte encuentro dos factores que influyen en este tipo de crisis.

a) Exceso de confianza
b) Pérdida de independencia por entidades y consultores

En el primer caso, el exceso de confianza ha generado problemas no sólo de la talla de fraudes en los negocios, sino también en otro tipo de problemas sociales, económicos y políticos. Cuando una Entidad se relaja, entonces hay personas internas que se aprovechan de la situación y comienzan a realizar una serie de ilícitos que pueden llevar hasta la misma quiebra a dichas Entidades. Cuando un pueblo o país se relaja, también pueden haber agentes internos y externos que se aprovechan de la situación haciendo de las suyas; en otras palabras recurren a malas prácticas porque no hay quien vigile o imponga supervisión constante en las operaciones.

En el segundo caso, la pérdida de independencia se logra por los intereses creados tanto por agentes internos como por externos. Por ejemplo: en materia política, es común que un candidato a ocupar un puesto público recurra a empresarios y a todo aquel que cuente con capital financiero para colaborar en su campaña política; por supuesto si gana, el candidato se verá en la necesidad de recompensar a quien le apoyó financieramente, con ello se logra la pérdida de independencia de las empresa como contribuyentes y entonces habrá una vialidad para recurrir a malas prácticas de negocios.

En el aspecto profesional, si un consultor es contratado por una empresa y ésta le ofrece la prestación de otro tipo de servicios como la de emisión de un dictamen de estados financieros, por ejemplo, se perderá la independencia mental debido a que éste actúa como consultor y auditor y por lo tanto no podrá ofrecer una opinión alejada de cierta influencia de su cliente.

Hay varias situaciones en las que de no cuidar y poner cada vez más normas y procedimientos que aseguren o brinden confianza en las buenas prácticas de negocios, se seguirá poniendo en riesgo la buena marcha de los negocios, la buena marcha de un país y por ende la buena marcha de este mundo en todos los sentidos

El Instituto Mexicano de Contadores Públicos, .A.C. y la Academia de Especialistas en Derecho Fiscal, A.C.[6], han emitido en conjunto un grupo de Normas de Actuación en materia fiscal, aplicable a todo aquel profesionistas que se dedique a la prestación de los servicios de asesoría y consultoría fiscal.

Por lo que para empezar comentaremos que el profesionista de esta área debe ser un especialista en materia fiscal, es decir, su perfil debe ser el que esté proyectado en dicha materia, ya que no se duda que haya quienes conozcan de la materia, sin embargo para poder ser consultor y/o asesor fiscal, debe estar inmerso en los problemas cotidianos de impuestos. Asimismo habrá que tomar en cuenta lo que dice el artículo 24 de la Ley General de Profesiones al referirse al ejercicio profesional:

> "Se entiende por ejercicio profesional, para los efectos de esta ley, la realización habitual a título oneroso o gratuito de todo acto, o la prestación de cualquier servicio propio de cada profesión, aunque sólo se trate de una simple consulta o la ostención del carácter de profesionistas, por medios de tarjetas, anuncios, placas, insignias o de cualquier otro modo. No se reputará ejercicio profesional

---

[6]   Academia de Estudios Fiscales de la Contaduría Pública, A.C., Ed. IMCP, 1998, Méx

cualquier acto realizado en los casos graves con propósito de auxilio inmediato."

Como puede observarse de la lectura de la disposición referida habrá una vinculación del profesionistas que ejerza su actividad con la de su cliente con cualquier medio por el cual se ostente como profesionista. También resulta necesario recordar lo que el artículo 33 de la citada norma indica:

"El profesionista está obligado a poner todos sus conocimientos científicos y recursos técnicos al servicio de su cliente, así como al desempeño de su trabajo convenido..."

De la cita anterior podemos observar que incluso es obligatorio para el profesionista incorporar en su servicio todo lo que él conozca y además el uso de recursos técnicos. Sin embargo hay otras disposiciones que el profesionista debe de cuidar como es el caso de la abstención de divulgar información por él conocida durante su trabajo y denominado secreto profesional.

La razón es hasta cierto punto lógica porque gira en torno a la confidencialidad de la información, ya que ésta, cuando es recibida de los clientes, éstos esperan que el consultor guarde la discreción necesaria o bien sólo pueda divulgar aquella información que el cliente autorice y a qué personas se les puede proporcionar tal información; pero puede haber cierta información que pueda ser regulada por el Estado a través de los Organismos que éste autorice, como por ejemplo, la Secretaria de Hacienda y Crédito Público, cuando un contribuyente hace dictaminar sus estados financieros por Contador Público Autorizado, a éste le es solicitada información que muchas de las veces es clasificada como confidencial.

En otras ocasiones hay organismos privados que requieren de información de terceros como es el caso de los bancos, ciertos proveedores o clientes y en los que el contribuyente puede autorizar a su consultor que les proporcione información de su situación financiera, legal o fiscal.

Debido a lo anterior el Consultor debe estar atento y conocer tanto normas de ética profesional como normas legales a fin de no incurrir en violaciones a las mismas que le puedan provocar problemas innecesarios, y que incluso la falta a dichas disposiciones podrían ser sancionadas con penas económicas y corporales

La mayoría de normas impiden a los profesionistas la divulgación de la información recibida en beneficio y protección de su cliente, así como de su propia reputación, puesto que hoy en día ante tantas oportunidades de conocer información y de ciertas situaciones legales para estar informado, así como el uso de la tecnología, hacen evidente que el consultor deba de hacer todo lo que esté a su alcance para que se convierta en el protector de la información y documentación recibida por sus clientes y que de alguna manera éstos van a aumentar su confianza y credibilidad en dicho consultor.

Pero por otro lado existen otras disposiciones legales que obligan a comunicar información a ciertas autoridades que así lo requieran, como por ejemplo las de carácter fiscal, cuando le piden a un auditor independiente que ha emitido un dictamen de estados financieros con alcance fiscal que éste muestre información y documentación en la que soporta las bases de su opinión, por lo que pudieran haber aparentes conflictos legales y éticos por parte del consultor, sin embargo éste tendrá que estar al pendiente de cuáles disposiciones son aplicables al caso, para que en todo momento esté en comunicación con su cliente y le pueda informar de la posible entrega de información a autoridades, pero con un objetivo definido por éstas, a fin de cumplir con tales disposiciones, pero sin exponer a su cliente a un escrutinio diferente al perseguido en tal molestia de parte de las mismas.

En todo caso el consultor debe conocer la normatividad al respecto y el alcance legal de ella. En algunos casos y sobre todo de duda por parte del consultor y su cliente, habrá que consultar con un abogado sobre la procedencia legal y su debida contestación.

EJERCICIOS DE ACCIÓN

1.- Prepare su propio Código de Ética para su Firma aun cuando incluya varias formalidades de aquél que elija para desarrollar su trabajo.

2.- Si ya cuenta con colaboradores reúnalos y coménteles sobre aquellos valores que son importantes para usted y para ellos para que sean adoptados en la Firma como base fundamental de actuación profesional de su Firma.

3.- Adquiera los Código profesionales de conducta y actuación profesional. Consiga revistas y artículos que hablen sobre el desempeño de los colaboradores y socios de una Firma.

4.- Analice la Norma Internacional de Control de Calidad para contadores públicos independientes y coméntela con sus colaboradores o con sus colegas y preparare su propio programa de control de calidad.

5.- Suscríbase a revistas prestigiadas que hablen sobre el tema de Ética en los negocios y haga suyas las recomendaciones para trabajar este tipo de proyectos con sus clientes y los futuros.

6.- Abra una cuenta de ahorros en la que separe una cantidad de cada pago de honorarios que reciba, par que la dedique a la capacitación y adquisición del conocimiento.

7.- Realice cursos de entrenamiento en su Firma con sus colaboradores, de no tenerlos aun, invite a colegas y a otros asistentes a que en forma gratuita pueden aprender de los comentarios y discusión del tema de la Ética en los negocios.

CAPITULO IV

Construyendo Una Práctica
De Consultoría Fiscal Exitosa

"Evitar los impuestos es el único esfuerzo intelectual
que tiene recompensa."
John M. Keynes

El primer consejo que recibí de mis maestros de impuestos fue que no hay solución para los impuestos. Éstos son seguros para el Estado, que son como la muerte, ésta llega con el tiempo y que todos los ciudadanos debemos pagar impuestos tarde o temprano, mientras somos pequeños no tenemos conciencia de ello, hasta que llega nuestro primer cheque en el que aparece un descuento por concepto de Impuesto Sobre la Renta, sin embargo, en otras actividades seguro ya estábamos pagando impuestos, como el Impuesto Al Valor Agregado, u otros impuestos de los denominados impuestos indirectos o impuestos al consumo.

Sin embargo, cuando comienzas el largo camino en conocer la forma en cómo el Estado determina el monto de ingresos que desea para cubrir su presupuesto de egresos y cómo deben de pagar los contribuyentes, es cuando comienza a trabajar el intelecto de los contribuyentes y de los profesionales que se especializan en diferentes contribuciones y en diferentes actividades para conocer el alcance de las Leyes Impositivas y entonces se inicia el verdadero análisis de las posibilidades y opciones económicas para ubicarse en la menor carga impositiva a que tienen derecho los contribuyentes.

Después de algunos años de experiencia puedo decir que la consultoría es un servicio profesional que ofrece muchas satisfacciones para aquél profesionista que se ha dedicado con esmero, pasión y paciencia a la prestación de sus servicios, puesto que cuando algún cliente recurre a este tipo de profesionista es porque tiene la certeza de que los problemas que está enfrentando su negocio o actividad podrán ser resueltos de la mejor manera.

Por otra parte hoy en día hay muchos empresarios y personas que realizan actividades sujetas a diferentes tributos y que por lo tanto desean obtener la tranquilidad necesaria dentro de las circunstancias para seguir creciendo en las oportunidades que la vida económica les brinda, ya que la parte impositiva les genera preocupación y toda vez que ellos están conscientes del cumplimiento adecuado de sus obligaciones fiscales, deciden en muchos de los casos, contratar a un buen consultor en la materia para que les oriente sobre dicho cumplimiento y en su caso, saber la mejor forma de pagar impuestos sin correr los riesgos implícitos que las disposiciones fiscales prevén en su inobservancia.

Cada ejercicio fiscal, los gobiernos preparan un plan para obtener ingresos de sus contribuyentes para satisfacer el gasto público, sin embargo, la historia ha demostrado que no hay ingresos que le alcancen a los gobernantes en turno, ya que el derroche, la mala administración y el desapego a los principios económicos de la aplicación del gasto público, como el de economía, de eficacia y eficiencia han sido letra muerta para los gobernantes.

Parte de una aplicación de políticas públicas inadecuadas han resultado en problemas importantes para la sociedad como son la extrema pobreza, el deterioro de la sociedad económicamente hablando y socialmente, la explotación brutal de recursos naturales que ha originado un daño ambiental de un impacto importante a nuestro planeta o bien la esclavitud moderna a través de prácticas ilícitas como la trata de personas, el narcotráfico o tráfico de armamento.

Dentro de dicho plan para la obtención de ingresos que preparan los gobiernos se encuentra el impacto impositivo para los contribuyentes. Es una forma "legal" de quitarle riqueza a los contribuyentes por el esfuerzo de su trabajo y por querer darse algunos gustos en sus consumos, así también a las empresas se les ha cargado "la mano" en un cúmulo de obligaciones fiscales para realizar retenciones de impuestos por todos lados, de tal suerte que el uso de los servicios de un contador se ha hecho indispensable creándoles a las empresas gastos administrativos innecesarios. Las empresas tienen que presentar sus declaraciones propias y declaraciones anuales informativas de terceros, lo que encarece aun más las obligaciones fiscales.

Por si fuera poco lo anterior, el contribuyente tiene que cumplir muchos requisitos para poder deducir sus costos y gastos, lo que invariablemente hace muy lento el proceso de las operaciones y/o transacciones que se llevan a cabo cotidianamente. Esta situación hace perder horas hombre a las empresas, para cumplirle al fisco, se tienen que hacer varias cosas y para tener derecho a las deducciones los requisitos en muchos de los casos son altamente burocráticos.

Por los problemas que actualmente se viven a nivel global, los gobiernos crean leyes y refuerzan las que ya están con la finalidad de detener problemas que han sido creados por las propias políticas públicas erróneas como son lavado de dinero, entrada al país de divisas por fuerza de trabajo de exportación ilegal, comercio ilegal, narcotráfico, secuestros y muchos problemas de índole social. Todo esto hace que se vuelvan más lentas las operaciones entre los particulares, creando ineficiencia en los negocios desestimulando el emprendeurismo y acercándonos cada vez más a depender de las acciones que tome el Estado.

Por ejemplo para abrir una cuenta bancaria para una Entidad nueva, a veces se tardan los bancos entre 8 y 12 días para su autorización. Para hacer otros trámites de apertura de negocios, el tiempo puede variar entre 3 y 12 días dependiendo de la zona y el tipo de negocio. Sólo por citar algunas cosas para apertura negocios, lo que nos deja mal parados como país en términos de competitividad internacional.

De lo comentado anteriormente, el consultor fiscal puede buscar el sentido positivo de las cosas y ayudar a crear negocios con una mejor planeación de actividades y de los procesos que le van tomando a cada negocio, pero deberá considerar a su equipo multidisciplinario para hacer mejor su servicio

Razones de negocios para alcanzar el éxito

La fuerte competencia que estamos enfrentando hoy en día está provocando cambios en los sistemas de hacer negocios. La tecnología lleva un avance importante en este rubro y entonces los costos se reducen, se mejoran las operaciones y el consumidor recibe mayores bienes y servicios a precios competitivos. Las empresas recurren cada vez más al empleo de mejores sistemas que les permitan estar a la vanguardia del ámbito de su competencia.

Por tal motivo, resulta imperante que a su vez el consultor de negocios haga lo mismo, es decir, esté atento a dichos avances para estar en condiciones de estar orientando sobre estos avances a sus clientes y la posible afectación fiscal a éstos en la toma de sus decisiones.

Una buena fuente para estar al tanto de los avances en diferentes áreas, pero sobre todo en la de los negocios en general, es consultar Organizaciones que difunden temas de actualidad como sería el caso del Instituto Mexicano de Contadores Públicos, .A.C. para los contadores tanto que estén afiliados a dicho Instituto como los que no están, pero que les gusta estar al tanto de los avances profesionales, sobre todo en materia de normatividad contable, fiscal y de negocios.

Así mismo, hay organizaciones internacionales como el IFAC[7] mismo que comenté en el capítulo anterior, que brinda a los profesionistas de la contaduría pública, herramientas de consulta, genera normas y atiende las necesidades de aplicación de criterios para las entidades y organizaciones de cualquier tipo con análisis de especialistas.

También las Firmas Internacionales de contadores públicos generan una fuente importante de información y consulta en diferentes materias

Otra razón importante para alcanzar el éxito en la consultoría, es que un consultor que esté actualizado, genera confianza en sus clientes y con terceros. Por otra parte refuerza su autoconfianza para incrementar sus habilidades personales y profesionales y dar un soporte cada vez con mejor calidad, buscando en todo momento la excelencia en su servicio.

Un buen consultor orienta a los empresarios, residentes en México que quieren hacer negocios, pero también lo sabe hacer para aquellos residentes en otros países y quieren invertir en México por las grandes oportunidades que representa el país, por ejemplo, nuestro país cuenta con grandes puestos marítimos como el de Veracruz, Tampico, Mazatlán. La cercanía con la economía más grande del mundo que es la de Estados Unidos de Norte América. Los recursos petroleros, mineros, pesqueros, agrícolas, silvícolas, la mano de obra barata y calificada. El aprovechamiento de energías eólicas,

---

[7]   IFAC, Federación Internacional de Contadores Públicos

solar oceánica y la belleza de muchas ciudades, templos arquitectónicos, playas y ecosistemas; todo ello, hace que México sea una oportunidad para los negocios.

Para los residentes en el extranjero que quieran hacer negocios en México, existen dos tipos de Entidades jurídicas: Sociedades mercantiles y personas físicas, pero también existen figuras jurídicas que pueden ser atractivas como la Asociación en Participación, el Fideicomiso la Copropiedad, etc,etc.,

Nuestra legislación señala 6 tipos de sociedades mercantiles, cada una con características especiales que involucran el tipo de responsabilidad de los socios desde una solidaria hasta una limitada. En algunos casos como la sociedad anónima se requieren de dos socios, mismos que pueden ser personas físicas y/o personas morales.

Las sociedades mercantiles pagan Impuesto Sobre la Renta por los ingresos obtenidos, una vez descontadas las deducciones relacionadas con su actividad; en su caso, pueden llegar a pagar un impuesto complementario denominado Impuesto Empresarial a Tasa Única que grava los ingresos obtenidos en efectivo generalmente y descontadas las deducciones cubiertas en efectivo.

El impuesto al Valor Agregado se causa casi por todos los procesos productivos hasta llegar al consumidor final quien es el que paga en la parte del Valor Agregado a una tasa general del 16% y hay casos especiales en las zonas fronterizas a tasas del 11% y en todo el país existe la tasa del 0% para alimentos y medicinas denominadas de patente y otros servicios especiales.

Las personas físicas que se dedican a hacer negocios pagan también los mismos impuestos que las empresas denominadas personas morales pero que a diferencias de éstas pagan a través de tarifas que están en relación al volumen de ingresos, mientras que las personas morales pagan una tasa del Impuesto Sobre la Renta a una Tasa del 30%

La importancia de estar siempre auto-motivado

En el campo de los negocios como en cualquier otro, es importante mantenerse motivado, sobre todo en la parte en lo que uno está realizando, debido a que las actividades cotidianas llegan en determinados momento a abrumar a los ejecutivos de las empresas y organizaciones y en un momento dado éstos buscan el respaldo de un tercero para encontrar salidas a sus problemas. Cuando el consultor se presenta con su cliente o posible cliente, éste observa la forma de presentarse por parte del consultor, su manera de dirigirse a él y a sus empleados y la respuesta a sus inquietudes; a pesar de que las mismas pudieran parecer un tanto simples o visto de otra manera, con un buen alcance para ser resueltas en el menor tiempo posible.

En otro capítulo le dedicaré más tiempo a este tema, sin embargo quiero mencionar que el consultor deberá hacer suyo un hábito, el de leer todas las mañanas algún tema o artículo de negocios que sea motivador, alguna historia de éxito. Recuerdo una mañana al llegar a clases, observé a mis asistentes a ellas, que se notaban muy cansados, tal vez como jóvenes algunas veces tienen fines de semana saturados de compromisos sociales y al llegar a sus actividades tienen sus niveles de energía muy abajo, por lo que decidí hacer un paréntesis y les pedí que recordaran una historia de éxito que hubieran visto, leído y conocido. Al principio fue lento, pero con el transcurso de los ejemplos que fuimos encontrando se fueron motivando de tal suerte que su energía levantó y posteriormente usé este tipo de ejemplos para mantener la atención sobre los temas que nos involucran.

En otra ocasión estando con un cliente, éste me hacía comentarios sobre la situación económica actual y me decía con cierta preocupación los pormenores de la misma, en los primero cinco minutos de su plática nos encontramos un poco preocupados por la economía, sin embargo tuve que recordar algunas cosas que había leído por la mañana y me pareció adecuado decirle de varias oportunidades que representaba para su empresa y sus clientes prestarle atención al tema del ahorro y buscar soluciones que nos permitiera seguir compitiendo en este mundo globalizado. Un tiempo después, ya había otro clima con mayor optimismo para enfrentar la situación actual de la economía.

Brian Tracy, gran escritor y motivador, siempre te comenta algunos puntos interesantes para que encuentres el motivo ideal para hacer las actividades que a ti te gustan y que por supuesto son las que te darán grandes satisfacciones porque te van haciendo cada día mejor en el campo en el que te desempeñas, en su libro La Psicología de Ventas[8], comenta que uno debe ser su propio animador y gran motivador y así lo dice:

---

[8]   Bryan Tracy, " Psicología de ventas", Ed. Thomas Nelson2005, E.U.A.,pág.38

"Cuando aprendí esta afirmación hace muchos años, solía repetírmela diez, veinte y hasta 50 veces al día. La decía en la mañana y en la tarde. La decía mientras conducía y antes de cada presentación de ventas. Me mantenía repitiéndola hasta que dirigí un mensaje a lo profundo de mi mente subconsciente, donde quedó archivado y tomó el poder en sí mismo. Tú puedes hacer lo mismo.

Cada vez que dices "¡Me gusto!" el concepto que tienes de ti, mejora.

Tu habilidad para actuar y tu nivel de efectividad aumentan.

Cuando tienes un alto nivel de autoestima generada por ti mismo todo lo haces mejor, incluyendo las ventas…"

Con este tipo de hábitos y otros más aumentará tu energía mental y física y por consiguiente tu efectividad será mejor al cabo de un rato, de unos días o de unos meses, dependiendo del plazo que estés en tus proyectos o bien para toda tu vida. En cualquier campo o área de su vida, se necesita siempre la motivación como parte de su espíritu emprendedor hacia el éxito. En su libro "Creer y Lograr"[9] Clement Stone, nos hace un excelente comentario sobre la motivación, diciendo:

"…La motivación es aquello que induce a la acción o determina la elección. Un motivo es un impulso dentro de cada persona, como un instinto, una emoción, una costumbre, un deseo o una idea que lo incita a actuar. Es la esperanza u otra fuerza que mueve a la persona a intentar producir resultados específicos. Cuando usted puede motivarse a sí mismo y puede motivar a otros, en el mundo desaparecen los obstáculos que se interponían en su camino hacia el éxito…"

En otras palabras la motivación es el elemento indispensable para realizar cualquier cosa incluso la de ser buen consultor fiscal, debido a que si no hay ningún motivo por el que se preste este gran servicio, va a desaparecer la

---

[9] Stone, Clement W. "Creer y Lograr", Ed.Lectorum,México,2010, pág.9

chispa de la creatividad y talento que podemos lograr con nuestros clientes y a favor de éstos, así como en el propio.

Todos los días en sus actividades cotidianas y como parte de la preparación que realice cualquier persona en cualquier actividad debe practicar la motivación para ofrecerla a sus propios colegas, compañeros y amigos, puesto que es parte de su trabajo. Por ejemplo, en la Universidad de donde imparto clases, tuve la oportunidad de ofrecer algunos cursos de desarrollo profesional en donde se ocupa invariablemente la motivación, a raíz de estas presentaciones se me ha conocido como un motivador y por consiguiente cuando hay eventos en los que, los alumnos van a participar y sobre todo en aquellos que les representa competir con otras universidades a nivel local o regional, se me ha pedido darles previamente una plática de motivación, con resultados satisfactorios.

También he impartido cursos de desarrollo humano en otros Estados de la República con los resultados ya comentados y de esta forma por ejemplo, me han generado servicios de consultoría en algunas Empresas que han visto o identificado que existen problemas de relaciones humanas o de baja productividad laboral. El resultado ha sido positivo porque el empresario ha observado los cambios en las actitudes de sus empleados

Cómo incrementar el conocimiento como clave del éxito

Otra parte interesante e importante para desarrollar una buena consultoría y sobre todo estimulante como ya lo comentaba en el apartado anterior, es lo concerniente a incrementar nuestro nivel de conocimiento, sobre todo el referido a nuestra disciplina. Hoy en día ante tanta información que se produce, resulta necesario consultar aquellas fuentes en las que más confiemos y además no nos distraiga mucho, ya que alguna de ellas tal vez no sea la fuente idónea para este objetivo, por lo que recomiendo hacer un análisis de las fuentes de información que tenemos a la mano o que se producen en Internet y que pudieran ser distractoras de lo que buscamos. A continuación me permito hacer una lista de algunos medios, de los cuales nos podemos valer para incrementar nuestro conocimiento:

- Revistas de negocios
- Revistas especializadas
- Libros sobre la materia de nuestra especialidad

- Libros sobre cultura general
- Libros sobre negocios
- Revisión de publicaciones de organismos especializados
- Cds y DVs de escritores y consultores de negocios
- Suscripciones a ediciones oficiales (por ejemplo, Diario Oficial de la Federación)
- Atención de cursos y seminarios de otros consultores afines a nuestra actividad

Todas estas fuentes pueden ayudar al consultor a estar informado pero también a incrementar su conocimiento y producir, ideas y nuevo conocimiento, es decir, el consultor siempre deberá tener presente al hacer esto que él puede innovar en alguna área de trabajo y así poder ayudar a sus clientes, pero también a sus colaboradores los puede estimular para que éstos vayan haciendo lo mismo.

O de otra forma, se puede decir que el conocimiento nos puede ayudar a crear otras fuentes y formas de ofrecer nuestros servicios. Dice el autor mencionado en el párrafo anterior, Bryan Tracy que si leemos un libro cada semana, al año habremos incrementado nuestro conocimiento con 52 libros; pero si vemos con el transcurrir de los años, en 10 años habremos leído 520 libros, lo que sin duda sería un crecimiento importante de nuestro acervo cultural y profesional.

Así pues será dependiendo de nuestras metas y objetivos que podamos incrementar nuestro conocimiento como una herramienta poderosa para prestar nuestros servicios. A continuación menciono algunas de las ventajas que significa poder incrementar nuestro conocimiento a través de estos medios:

- Ahorramos tiempo en nuestra preparación
- Ofrecemos confianza a nuestro clientes
- Nos sirve de motivación para enfrentar el reto de tiempos difíciles
- Podemos ofrecer conferencias, cursos o capacitación
- Incrementaremos nuestras relaciones humanas
- Podemos entrar en el camino a la excelencia
- Podemos hacer un equipo más competitivo

Estas y otras ventajas más podemos lograr si nos proponemos aumentar nuestro acervo cultural.

Cómo aumentar la visión del consultor fiscal

Como es indispensable que el consultor tenga una visión de su trabajo, pues necesita aumentarla día con día debido a que los negocios requieren de gente preparada y además se le pueden presentar circunstancias tan diversas como personas tenga que visitar en sus actividades diarias. Debido a que las personas de cualquier organización conocen bien su trabajo, son especialistas en lo que hacen, tendrán toda la información con respecto a dichos puestos, razón por la cual el consultor deberá ampliar su visión.

Alfonso López Hidalgo en su libro "Multiplica toda tu capacidad ¡en veinte minutos!" [10], señala que todos los días y a cada momento nos enfrentamos a situaciones en donde tienen que sobre ponerse nuestros pensamientos y éstos son de dos sentidos, positivos y negativos, obviamente un consultor debe saber que los pensamientos positivos lo pueden sacar de cualquier situación o problema por muy difícil que estos sean así, porque de ello depende que aumenten sus clientes o disminuyan.

Por ejemplo en una ocasión me enfrenté a un cliente cuya satisfacción de nuestro servicio no era el ideal para su empresa por lo que me reclamó vía telefónica, airadamente varias actividades no resueltas por parte de mis colaboradores. Como no había ampliado mi visión con respecto a este cliente, salí en defensa de mis colaboradores y conteste a las agresiones verbales de mi cliente con el mismo sentido, es decir, en forma negativa, resultado: perdí ese cliente y además dinero por la parte de los servicios que estaban por devengarse.

Tiempo después, por recomendación de uno de mis clientes, se me solicitan mis servicios para este mismo cliente con el que había tenido una relación terminada en forma nada cordial; dudé por un instante en atender a la petición de dicho cliente, sin embargo lo hice, con la consciencia de que debía mejorar mi visión con respecto a dicho cliente, me costó trabajo, pero sin embargo, lo llevé a cabo con buen éxito, a la fecha seguimos trabajando en forma armónica.

---

[10]   López Hidalgo Alfonso, "Multiplica toda tu capacidad ¡en veinte minutos!" 2ª edición 2005, México

En su libro "Cómo ganar amigos e influir en las personas" el escritor Dale Carnegie[11] recomienda trabajar en pro del aumento de nuestras relaciones humanas, sacrificando un poco el ego del cual a veces somos esclavos, mencionando lo siguiente:

> "... En lugar de censurar a la gente, tratemos de comprenderla. Tratemos de imaginarnos por qué hacen lo que hacen. Eso es mucho más provechoso y más interesante que la crítica ; y de ello surge la simpatía, la tolerancia y la bondad. "Saberlo todo es perdonarlo todo."
>
> Ya dijo el Dr. Johnson: "El mismo Dios, señor, no se propone juzgar al hombre hasta el fin de sus días".
>
> Entonces, ¿por qué hemos de juzgarlo usted o yo? ..."

En realidad el consultor debe trabajar mucho este tipo de relaciones puesto que el éxito en este trabajo y todos los que usted se proponga llevar a cabo, dependerá del éxito del manejo de sus relaciones.

Una buena relación se va haciendo con el paso de los años pero siempre estará apoyada por el respeto, la forma de pensar y las ideas de cada quien y sobre todo al evitar la crítica negativa y el hablar mal de las personas. Pienso que al practicar el hablar en forma positiva de las personas y amigos y sobre todo cuando éstos están ausentes, se refuerza la amistad pero sobre todo se estarán aumentando nuestras relaciones humanas base del éxito de cualquier cosa que hagamos incluso con mayor provecho en la prestación de servicios profesionales independientes

---

[11]   Carnegie, Dale, "Cómo ganar amigos e Influir sobre las personas", pag.47 Ed. Sudamericana 14ª. Impresión en México

EJERCICIOS DE ACCIÓN

1.- Determine que a partir de hoy usted siempre estará auto motivado. Comience el día sonriendo en los primeros minutos al levantarse y repítase con la convicción de ser una ganador ¡hoy es un gran día!

2.- Al comenzar su día, tenga a la mano una revista o un buen libro que tenga ideas suficientes de motivación que le hagan saber y aplicarse. Usted puede ayudar a muchas personas durante el día a ver su día en forma optimista

3.- Prepárese unas buenas frases motivadoras para enfrentar cada acción y piense que estas le van a ayudar a estar optimista todo el tiempo

4.- Controle sus pensamientos diarios y de albergue a los positivos para que siempre esté optimista, elimine los pensamientos negativos poniéndose en marcha en cada actividad

5.- Identifique las áreas en donde usted tiene más experiencia para que siempre hable con las personas que le rodean de ello y les permita que le escuchen

6.- Trate de aprender a contar historias positivas, no se mezcle con las negativas para que siempre esté llevando a la personas que le rodean, así como a sus clientes aquellas historias de éxito que todo mundo quiere escuchar para salir adelante, sobre todo en estos tiempos.

7.- Busque por oportunidades de negocios por donde sea. Desarrolle una mente emprendedora, ya que sus clientes le van a escuchar con mayor atención. Ponga atención a todo aquello que representa un problema para un cliente, porque ahí puede encontrar una buena solución

CAPITULO V

Grados Y Calificaciones Para Obtener Credibilidad Como Consultor Fiscal

"En los momentos de crisis, la imaginación es más importante que el conocimiento."
Albert Einstein

Alguna vez un buen amigo, consultor me comentó una anécdota referida a su práctica profesional y que en sus inicios de la misma, ingresó a colaborar en una Firma dirigida por un buen consultor especializado en impuestos y que cuando alguien de sus discípulos de este consultor le querían preguntarle algo, él siempre les decía que si ya habían investigado previamente, de lo contrario no les ayudaría en nada a resolver las preguntas que traían consigo, pero además los invitaba a que estudiaran con toda su energía debido a que primero deberían conseguir su título.

Recuerdo que mi amigo me dijo que cuando estaba con su jefe sentado en su oficina dispuesto a preguntarle algo de lo cual ya había hecho la investigación de rigor, pero que aun así no lograba descifrar la solución al problema, - su jefe, me dijo- recibió una llamada de un cliente importante y en su momento, le dijo que si tenía un reloj a la mano porque en ese momento se iba a cuantificar el tiempo dedicado a dicho cliente para la consulta que éste le estaba haciendo y que previamente ya sabía del monto de los honorarios que le cobraría por el tiempo empleado para dicha consulta. Mi amigo me comentó que quedó impresionado con esa actitud de su jefe porque solamente alguien con la preparación y calificación suficiente podría darle credibilidad a un cliente para hacerle ver el tiempo que le ocuparía y el importe de honorarios que le cargaría por dicho tiempo

Para avanzar en el mundo de la consultoría, se requiere de experiencia y práctica profesional, pero primero se necesita que el consultor haya cursado alguna de las licenciaturas como la de Contador Público, la de Leyes, la de consultoría legal, de administración de empresas, de economía, etc., ya que algunas de estas licenciaturas le van a dar al consultor el punto de vista de lo que el mercado demanda.

Por ejemplo, el contador público estará preparado y tiene la visión para aportar conocimiento y experiencia en materia de preparación de información financiera, impuestos y presentación de cumplimiento de obligaciones fiscales, el análisis financiero; el punto de vista del abogado es sobre la preparación sobre el terreno del litigio, pero antes de ello, estará capacitado para prever problemas revisando las operaciones y sobre todo los contratos adecuados que respalden dichas operaciones para evitar que el contribuyente vaya a parar a los juzgado a defender posibles conflictos.

El abogado especialista en defensa fiscal tendrá la visión y preparación para incursionar en la defensa y el litigio en general en materia tributaria, pero antes de ello, estará atento en la prevención de posibles problemas que se le pudieran suscitar al contribuyente por no haber cumplido oportunamente y en forma adecuada a sus obligaciones fiscales, o bien porque, las Autoridades hacendarias pusieron en práctica sus facultades de revisión y posiblemente cometieron errores de forma y fondo que ponen en entredicho la legalidad de su actuar.

Entre otros asuntos el administrador de empresas se enfoca en el correcto caminar de las entidades en cuanto a la organización y buen funcionamiento de acuerdo a las jerarquías, orden y organización de los recursos que maneja la Entidad sean humanos, financieros o materiales.

El economista observa el comportamiento, la estadística, la oferta, la demanda de bienes y servicios, el comportamiento de la fuerza de trabajo, la preferencia de los productos de una región por la demanda o las necesidades de la misma.

Todos estos puntos de vista ayudan para comprender que la consultoría fiscal es parte importante de un todo, por lo que, se hace necesaria la especialización impositiva como un área que ha de ser manejada con responsabilidad y conocimiento ya que el mal manejo del cumplimiento de las obligaciones fiscales, la incorrecta determinación de las contribuciones a que está sujeta una Entidad o bien al escoger una alternativa que no sea la adecuada al tipo de contribuyente y sus necesidades de crecimiento y expansión, que las Leyes fiscales le otorgan, hacen que éstos puedan llegar a tener el éxito planeado o en determinados momentos, el fracaso no deseado.

Por ello, será necesario que el consultor reúna esta primera característica, la de estar preparado en la licenciatura que vaya acorde con el estudio de la materia impositiva pero que se ayude con otras materias que le sirven de base para observar todo el entorno de los negocios y los métodos para alcanzar el éxito

El mejor grado para ser consultor. Preparación académica

El consultor requiere como ya comenté que se gradué o se titule en alguna de las diferentes licenciaturas cuyos planes de estudio cuenten con los elementos indispensables para conocer de impuestos y en general de leyes impositivas. Ya lo había comentado en otro apartado que el Código de Ética Profesional relativo a los contadores públicos les pide dentro de sus postulados que sean titulados para prestar sus servicios profesionales.

Dentro de las normas de auditoría también relativas a los contadores púbicos que se dediquen a la prestación de servicios profesionales de auditoría, la primera de ellas es la que se refiere a la personalidad del auditor y nos comenta que para que un auditor pueda cumplir con dichas normas es necesario primero que se titule de Contador Público; posteriormente debe demostrar experiencia en dicha actividad.

Creo que el consultor debe pasar por este tipo de normatividad para que pueda ser reconocido como tal y sobre todo pueda obtener credibilidad. Sin embargo para estos tiempos de alto grado de competitividad, cada vez se requieren de cursar otros estudios de posgrado que pongan al consultor dentro del plano de los alcances académicos, por lo que sugiero que además de estudiar una licenciatura, dentro de su práctica profesional estudie algún diplomado o especialidad de su entorno, también están las maestrías que hacen que el consultor adquiera mayor conocimiento y con ello cuente con otro panorama y además con ello aumente su visión profesional y sobre todo la personal para dar un mejor servicio.

Al estudiar una maestría, el consultor abre las puertas de su mente al conocimiento y experiencia de otros colegas y maestros que le brindan la oportunidad de compartir experiencias. Recomiendo para llevar a cabo este siguiente paso, contar con algunos años de experiencia, sobre todo trabajando para firmas de su especialidad y si se puede de consultoría mucho mejor. El número de años de experiencia cada quien lo determina ya que dependerá de los problemas, cargas de trabajo, tamaño de la Firma para quien trabaja o bien en la Entidad con quien colabora.

En la maestría generalmente se va a compartir conocimiento y experiencia, pero también se precisa éste con la investigación, aquí es donde se observa quien puede avanzar mucho mejor en su capacidad para resolver problemas, ya que quien llega a estudiar una maestría, generalmente ya tiene ocupaciones de trabajo, familia y algunas veces hasta sociales con los clubes a los que pertenece. Pero esa es la clave para que el nuevo consultor observe que sólo a través de estar investigando se avanza en el conocimiento y sobre todo es la forma de cómo se encuentran soluciones a los problemas que los clientes plantean.

También es recomendable que el consultor asista a una serie de seminarios y conferencias relacionados con la materia de impuestos ya que resultan muy útiles para compartir el criterio de especialistas en el tema. Aunado a lo anterior, se requiere siempre de estar asistiendo a conferencias de otra naturaleza a la fiscal, por ejemplo, sobre la oportunidad de hacer negocios en otras regiones del mundo, con países que están liderando la economía o en algunos países con lo que se han hecho alianzas o convenios internaciones

Investigador de las tendencias de negocios en su localidad y el mundo

Una vez que ya se aprendió a investigar y a resolver problemas de su especialidad, el consultor ya cuenta con su visión para analizar las tendencias de los negocios y en general sobre la economía en el mundo y dentro del entorno donde se mueven sus clientes, ya que el tener información analizada y resumida puede ofrecerle una valiosísima herramienta para poder atender eficazmente los servicios de sus clientes y además de ello, le permite al consultor poder estar a la vanguardia y ser requerido frecuentemente por sus clientes.

El consultor fiscal debe conocer, por ejemplo: cuáles son las diferentes tasas impositivas en los principales países del mundo, en cuáles países o territorios existen bajas tasas de imposición fiscal o bien en qué lugares es más seguro invertir sobre todo desde el punto de vista fiscal, ya que con ello se cumple la necesidad de ser atractivo para sus clientes, hacer negocios con otras compañías, otros socios residentes en otros países o bien simplemente por cuidar el patrimonio de los inversionistas.

Por ejemplo, el consultor puede ayudarse con la tecnología a desarrollar boletines mensuales o semanales en donde haga un resumen de las principales tendencias de os negocios o bien informe sobre algo de interés para sus clientes como por ejemplo, mercados de capitales, consumo de ciertos productos en otros lugares y regiones, métodos para resolver problemas financieros, modificaciones fiscales que se van dando en el transcurso de un año fiscal, casos de éxito de empresas y empresarios, resumen de algunos temas tratados en revistas especializadas como las de negocios.

Un dato que me llama la atención actualmente es la estadística que muestran algunas organizaciones y firmas consultoras sobre los fraudes financieros, en los que a través de encuestas a 700 altos ejecutivos[12] en todo el mundo, durante los años de 2009 y 2010, en diferentes industrias y en donde el reporte muestra un incremento del 18% en relación al año anterior en el sector financiero. Los fraudes van desde los común y corrientes que quienes los cometen en forma física (sustracción de bienes materiales y financieros de las empresas), por lo regular son empleados y funcionarios de dichas compañías, hasta los denominados de cuello blanco, en los que a nivel internacional se presentan como los de mayor cuantía, así como los fraudes cibernéticos.

¿Por qué me llama la atención?, porque las personas que los cometen le ponen mucha creatividad para desarrollarlos, se asocian con otras personas, invierten tiempo, compran la mejor tecnología en su caso, en general se vuelven expertos en el fraude.

Y luego me pregunto ¿qué no podrán hacer lo mismo siendo excelentes consultores? ¿O bien emprendiendo empresas con fines lícitos?, en cualquier

---

[12]   Moore Stephens México, Boletín Técnico Julio/agosto 2010 Volumen 11 Número 67

sentido la persona que emprenda algo llámese consultoría financiera o fiscal, necesita ponerle todo su empeño y creatividad, invertir tiempo y esfuerzo, adquirir la mejor tecnología, asociarse con expertos para hacer alianzas estratégicas.

En fin, que la tendencia sobre los fraudes está creciendo a nivel internacional en forma asombrosa, cada año se incrementa el porcentaje de las personas que cometen fraudes a sus empresas o bien a otras personas y empresas con las que tienen alguna relación en forma directa, o bien, sin ninguna relación

Hace dos años, uno de mis clientes vivió un fraude cibernético en el cual le tomaron una cantidad importante de dinero de su cuenta bancaria, tuvo que invertir en abogados especialistas para recuperar parte de dicho monto.

Otro tipo de fraudes que van más encaminados a afectar a la sociedad en general, son los secuestros y extorsiones que se han puesto de moda. Éstos también tienen muchos ingredientes de creatividad y asociación y en determinados momentos funcionan como organizaciones bien estructuradas debido a que cuentan con tecnología, se preparan, investigan a sus víctimas, en general hacen una investigación de mercado digna de una gran empresa.

Todo lo antes descrito sirve para reflexionar que las personas al colocarse un objetivo en sus mentes ya sea en sentido negativo o en positivo, o dicho de otra forma, en forma lícita e ilícita, hacen las mismas acciones, corren los mismos riesgos, emprenden para tener éxito, luego entonces, invito a los estudiantes y a aquellas personas que ya han terminado algunas de las carreras profesionales que tienen que ver con la materia impositiva a emprender de manera decisiva la consultoría fiscal como un objetivo en sus vidas profesionales ya que tendrán la oportunidad de asociarse con otros expertos en la materia, invertir tiempo para prepararse y crecer, invertir en la mejor tecnología de acuerdo a el alcance que le quieran dar y a hacer una investigación de mercado, para alcanzar el éxito que esta área les puede brindar.

Parte del éxito de un consultor fiscal es ofrecer un valor agregado a sus clientes y una manera puede ser a través de la preparación de boletines-técnicos y/o de negocios que les permitan llegar a sus clientes para mantenerlos informados, pero sobre todo mantener una relación de comunicación continua.

Experiencia profesional en el campo de la consultoría

Para ofrecer un mejor servicio y acreditarse como consultor fiscal, indudablemente el mejor camino sería realizar su prácticas profesionales y en general su desarrollo profesional llevarlo a cabo en una Firma de Contadores, de Abogados o de la combinación de ambos y de otras disciplinas profesionales afines a éstos, puesto que los casos, el tamaño de los clientes, la diversidad de éstos, los problemas que los propios clientes les externen a estas Firmas, pero sobre todo el entrenamiento profesional a través de la capacitación, harán que el profesionista adquiera una buena capacidad para atender diversos asuntos.

Cuando uno empieza a realizar sus prácticas profesionales debe sacrificar una serie de cosas como los ingresos, el tiempo y la estancia con la familia, debido a que llegan a ser actividades muy absorbentes y sobre todo que el practicante si aun está en clases en su formación universitaria todavía esta situación se le presenta aun más apremiante, sin embargo tiene su recompensa debido a que será un buen campo de aprendizaje por todo lo que hemos comentado y además incrementará sus habilidades como la de liderazgo, relaciones humanas, manejo de equipos de recursos humanos y tecnológicos.

Por lo tanto considero que lejos de ser un sacrificio, resulta una muy buena inversión el colaborar en este tipo de Firmas, ya que tienen o cuentan con una gama de clientes de distintos tamaños y problemas que desean solucionar a través de expertos como lo pueden ser los consultores fiscales

EJERCICIOS DE ACCIÓN

1.- Resuelva el día de hoy que va a conseguir aquel título que le haga falta para ofrecer credibilidad a sus clientes, por ejemplo: el título de licenciatura, maestría, diploma o algún otro grado.

2.- Haga una lista de aquellas actividades académicas que puede realizar durante el año para reunir sus constancias que le acrediten como participante a ellas.

3.- Haga una lista de aquellas Firmas en las que pudiera colaborar y que estén ofreciendo consultoría. Si ya tiene su propia Firma, busque abrir los servicios de consultoría y sobre todo en materia fiscal

4.- Incorpórese a un Colegio profesional, de preferencia solicite colaborar en el área fiscal para que empiece a fortalecer su especialización.

5.- Incorpórese a una Universidad de prestigio en donde ofrezca dar clases en la materia fiscal

6.- Analice las reformas fiscales, así como el presupuesto de ingresos y egresos de un ejercicio, ya sean Federales o Estatales con la finalidad de empezar a ofrecer algún curso o conferencia.

7.- Comience a hacer investigación sobre los principales elementos económicos del lugar dónde vive, de la Federación y del Mundo para que empiece a elaborar su propia fuente de información. Esto le fortalecerá en las próximas conferencias o cursos que ofrezca.

CAPITULO VI

Algunas Formas Para Promoverse Asimismo Como Consultor Fiscal

"Solo hay una manera de matar al capitalismo: con impuestos, impuestos y más impuestos."
Karl Marx

C uando inicié mi práctica profesional en una Firma de Contadores Públicos, mi primera inquietud fue cómo iniciar una práctica exitosa en una Firma de Contadores Públicos y sobre todo saber cómo iniciar la consultoría de los negocios, puesto que en dicha Firma, veía que seguido hablaban clientes para pedir consejos y ayuda profesional. Entonces me propuse investigar cómo se hacía la práctica de consultoría y uno de los principales puntos sobre los que observé, fue la de que el profesionista tendría que darse a conocer por todos los medios que fuera posible, siempre cuidando un Código de Ética.

Aprendí que el profesionista debe relacionarse en diferentes lugares, asistir a reuniones profesionales, dar clases ofrecer conferencias gratuitas, involucrarse en asociaciones empresariales, clubes deportivos, instituciones de beneficencia, seguir aprendiendo de los demás, estudiar todos los días e incrementar su educación personal

También uno de mis mejores amigos me dio un consejo, el de tener y llevar tarjetas de presentación para cualquier oportunidad de encontrar nuevas amistades y sobre todo hacer amigos.

En mis inicios de trabajo profesional se empezó a poner de moda la continuas modificaciones a diferentes leyes fiscales, incluso durante un ejercicio fiscal había bastantes reglas de aplicación general que eran modificadas por la

Autoridades Hacendarias y que eran reformadas, derogadas y otras tanto eran nuevas; entonces me llamó la atención y me propuse estar actualizado en dichas modificaciones, por lo tanto surgió la pregunta obligada; ¿Cómo le harían las empresas y otros colegas para estar siempre actualizados con dichos cambios?, relativamente la respuesta era fácil, estudiar todos los días, sin embargo, por las actividades cotidianas y el cúmulo de dichos cambios, pocas personas hacen este hábito de tal suerte que siempre están buscando ayuda de quien sí lo tiene, pero además se comienza un largo camino de la especialización en esta materia: la fiscal

Una vez que el profesional de los impuestos, haya cubierto una serie de pasos que lo llevarán a tomar la decisión de involucrarse en la gran aventura de ser un consultor fiscal, para iniciar sus trabajos y empezar a abrir o incrementar su cartera de clientes, considero indispensable que identifique diferentes formas de promover sus servicios, así como su propia imagen, llevando a cabo diversas alternativas de promoción, ya que como dice la escritora Raleigh Pinskey en su libro 101 Ways to Promote Yourself[13], … "Porqué no deberías presentarte a ti mismo, Porqué no deberías decirle al mundo quién eres y todo acerca de lo que eres?, después de todo, si no te presentas a ti mismo, si tú no les dices acerca de lo que eres, cómo van ellos, a saber que existes? …".

Nosotros mismos debemos promovernos tanta veces como oportunidades se nos den de tal forma, que un consultor deberá identificar varias formas de hacerle saber al mundo que existe como tal.

Presentaciones personales

Para promover sus servicios, el consultor fiscal deberá utilizar diferentes medios que sean los más apropiados en cuanto a Ética, prudencia, educación, mensaje a transmitir, seguridad y sobre todo impacto de éxito en su promoción. Por ello resulta necesario reconocer las diferentes formas para promocionar sus servicios profesionales, pero hay una que es indispensable al conocer por vez primera a una persona o grupo de personas y esa es la personal. Dentro de

---

[13] Pinskey, Raleigh, 101 Ways to Promote Yourself, Ed. Quill, 2003, USA, Pag. xviii

esta forma de promocionarse así mismo, pueden haber varias alternativas. A continuación me voy a referir a algunas de ellas:

a) Presentaciones visuales.- Si recordamos el viejo adagio de " una imagen dice más que mil palabras", entonces sabremos que este es un medio muy eficaz de transmitir quiénes somos, por lo que es muy recomendable hacer este tipo de presentaciones debido a que como comenta la autora referida Raleigh Pinskey, en estudios hechos por la Warton School, Universidad de Pennsylvania, se concluyó que quienes usaron este tipo de presentaciones consiguieron ser más persuasivos, más profesionales y con una mejor calidad. Sin embargo al hacer presentaciones debemos tomar en consideración lo siguiente:

   a. ¿Cuál es el tamaño de mi audiencia?
   b. ¿Cuál es el propósito de mi presentación?
   c. ¿En dónde se va a desarrollar el evento?
   d. ¿Cómo se sentarán los participantes?
   e. ¿Quién nos está contratando?

Algunas características de las presentaciones hacen que podamos incorporar a las mismas, nuestro logotipo, pero si dadas las circunstancias, resultara impropio hacer esto, ya que en algunos casos, nos pedirán que se agregue el logotipo o la imagen de la Institución o empresa que está organizando el evento en turno, entonces la sugerencia es que al final de nuestra presentación adicionemos una "lámina" (diapositiva), en la que anotemos nuestros datos personales.

b) Tarjeta de presentación.- Esta forma de presentación tiene muchos años y sin embargo aun se sigue ocupando a veces con muy buenos resultados y otras no tanto. ¿Cuál son los principales errores que cometen quienes usan este tipo de presentación?

   a. La persona se encarga de hacer su propio diseño a veces sin experiencia
   b. La persona no sabe identificar cuál es su negocio
   c. Se usan colores que no van de acuerdo al negocio o la actividad
   d. Se llenan de datos dichas tarjetas haciéndose casi ininteligibles y por lo tanto se olvidan

Puesto que la tarjeta de presentación es casi como poner el futuro de sus negocios o actividades en las manos de otras personas, se requiere que haya un cuidado previo para su elaboración, su transportación y la forma de entregar dichas tarjetas. A continuación me referiré a algunas sugerencias

1.- De preferencia contratar a un diseñador
2.- usar un solo color o dos si el diseño va bien
3.- Usar un logotipo y/o figura que armonice con el resto de la papelería o documentos que se van a usar en diferentes presentaciones
4.- Presentar el nombre de quien la porta y una frase, adjetivo de su negocio o actividad, por ejemplo: "consultor fiscal", un número telefónico y un email

Con respecto a la transportación de las tarjetas de presentación, sería bueno cerciorarse de llevar consigo un pequeño estuche o tarjetero, ya que al abrirlo se causará buena impresión y por otro lado, en caso de guardar nuestras tarjetas en la cartera o en otro lugar tal vez se maltraten causando una mala impresión. En lo que respecta a la entrega de la tarjeta de presentación mi sugerencia es de entregarla cuando se trate de una plática de negocios, de una petición por una persona a quien no conocemos o bien cuando se trate de dejar nuestra información solicitada

Otros medios para promocionarse como consultor fiscal

Existen otros tantos medios como imaginación, inicio de actividades, desarrollo, tamaño y volumen de clientes, esté llevando a cabo el consultor fiscal. A manera de ejemplo se ofrece una lista de algunas otras formas o medios:

a) Identificando su negocio
b) Declarando su misión
c) Su Propuesta Única de Ventas
d) Escribiendo su "Brochure"
e) Creando un sitio WEB
f) Diseñando sus propios calendarios
g) Ofreciendo conferencias y cursos
h) Ofreciendo impartir clases en Universidades e Instituciones prestigiadas

i) Desarrollando un video
j) Escribiendo artículos
k) Elaborando y enviando "Newsletters"
l) Escribiendo un libro.
m) Participando en programas de radio y televisión

Como podrá observar, respetable lector, estos medios, entre otros, harán que sus servicios sean lo más rápido conocidos y puedan llegar a tantas personas como los mismos sean utilizados por usted.

Imagen del consultor

De los medios antes comentados para promocionarse asimismo resulta indispensable dedicarle a uno en especial, un mayor comentario: la imagen del consultor. Debido a que la imagen del consultor es la llave de entrada a los servicios de la consultoría es necesario que el consultor preste atención a algunas sugerencias. En palabras de la comunicadora y escritora Gaby Vargas, en su libro "Todo sobre la imagen del éxito"[14], ella nos dice lo siguiente:

> ... "Ahora piensa, ¿Qué imagen proyectamos como personas? Piensa en tu imagen como el empaque con el que te demuestras a los demás, tanto en contenido como en presentación. El contenido es lo que somos, lo que llevamos por dentro; la personalidad se refleja en el brillo de los ojos, en la sonrisa encantadora, las palabras que expresan tus ideas y pensamientos y en lo paciente que eres para escuchar, tu entusiasmo, tu actitud y tu trabajo.
>
> La envoltura es nuestra apariencia: la limpieza, el cuidado que ponemos en nuestra persona, la complexión, el peso, la ropa que nos ponemos y la manera en que la llevamos, la postura, los lentes, los zapatos, el peinado, etc..."

De esta forma nos podemos preguntar qué imagen quiero enviar a mis clientes y a mis futuros clientes, para con ello elegir dicha imagen. Hay personas que se

---

[14] Vargas, Gaby "Todo sobre la imagen del éxito" Ed. Punto de Lectura, México, 2009 Pag.24

encargan profesionalmente de diseñar la imagen de profesionales o personas que buscan lograr éxito en su actividad.

Sí nuestro presupuesto aun no está para hacer este tipo de trabajo, entonces comencemos a hacer pruebas sencillas con nuestro modo de vestir el cual para visitar clientes o asistir a eventos de negocios la sugerencia sería siempre presentarnos con una vestimenta formal como puede ser traje y corbata en caso de caballeros y en caso de las damas desde usar el traje sastre, hasta un vestido, falda o blusa que refleje la imagen profesional de la portadora. Hay días que son inhábiles, o lo son para nosotros, pero que por las actividades de los negocios o nuestros clientes, requieren de nuestra presencia, por ejemplo, los sábados o domingos que son los casos más generales, ante ello el consultor siempre deberá revisar su presentación, si bien es cierto que puede prescindir de la corbata o el traje sastre, por ejemplo, en dichos días, no significará que se presente con ropa deportiva, casuística e informal, ya que ello le disminuirá valor a su propia imagen.

Recuerde siempre, apreciable lector que todos los días estamos iniciando una venta, en el caso del consultor, el inicio de la venta está en la imagen de él mismo.

EJERCICIOS DE ACCIÓN

1.- Decida hoy mismo revisar su imagen personal. Cómo quiere que lo vean?, Cómo quiere que lo identifiquen sus clientes.

2.- Contrate un diseñador de imagen corporativa para que le diseñe sus tarjetas de presentación, su papelería, su logotipo, etc., etc., identificando los colores personales de su imagen.

3.- Identifique la papelería que le gustaría usar para los diferentes tipos de presentaciones que va a realizar, ya sea escrita o virtual

4.- Analice siete formas para promoverse así mismo y luego vaya aumentándolas conforme desarrolla sus servicios y hace presentaciones.

5.- Haga una lista de 7 tipos de servicio y/o productos que le gustaría ofrecer a sus clientes y la forma en cómo se los haría llegar o dar a conocer

6.- Investigue en su trabajo cuáles son las habilidades que tiene para realizarlo y decida cuáles debe aprender para promocionarse así mismo de una mejor forma.

7.- Como la experiencia es la clave del éxito, analice las áreas donde usted necesita incrementar su experiencia de acuerdo a conseguir mejores resultados en su trabajo y en su propio negocio. Haga planes para conseguir al menos un área donde incrementar esa experiencia

CAPITULO VII

Métodos Para Diferenciarse De Otros Consultores E Incrementar Las Oportunidades En El Ámbito Fiscal

"La diferencia entre la muerte y los impuestos es que la muerte no empeora cada vez que el congreso se reúne."
Will Rogers

O tro de los buenos consejos que me dio mi madre cuando inicié mi camino a la escuela fue que me sentará hasta adelante en el salón de clases, puesto que así le iba a poner toda la atención a la maestra ya demás ella también pondría un poco más de atención a aquellos que en reciprocidad lo hacen y adicionalmente me dijo que así me iba a diferenciarme de los demás, ya que podría captar un poco más.

Ese otro poco más, creo que es la fórmula para que un buen consultor de negocios en materia fiscal, pero también aplicable a cualquier persona que desea tener éxito en cualquier campo, es lo que hace diferenciarse y el profesionista que lo hace tiene el resultado que busca; éxito en su práctica profesional.

La mayoría de nuestros clientes generalmente están buscando a una persona que tenga capacidad y entendimiento para cubrir un área importante de sus negocios; la de los impuestos y del cumplimiento de sus obligaciones fiscales. Ante ello, una de sus preocupaciones frecuentes con razón o sin razón, es que tienen el concepto de que pagan muchos impuestos, por lo que buscan al experto que les indique, les confirme o les ofrezca soluciones a estas preocupaciones.

Esta, entre otras, es a mi juicio la principal razón por la cual varios empresarios y dueños de negocios son "atraídos" por personas que sin escrúpulos les ofrecen "paraísos fiscales", o bien se dejan seducir por alternativas de "moda" y no revisan con verdaderos expertos su situación fiscal. A la larga, estas personas se convierten en sus" asesores" fiscales debido a que les han ofrecido soluciones mágicas. Sin embargo un negocio o una empresa que esté utilizando este tipo de soluciones mágicas, tarde que temprano se van a encontrar con problemas financieros, con posibles "enfermedades financieras" no advertidas o no previstas por sus "asesores fiscales", entonces una buena empresa o un buen negocio, puede resultar un fraude para sus dueños o bien para la sociedad, ya que siempre habrá terceros que saldrán engañados con las tácticas utilizadas, llámense clientes, proveedores, trabajadores o sus propios prestadores de servicios. Ejemplos, hemos visto varios, que entre artistas, empresarios o deportistas han resultado defraudados por este tipo de asesores.

Considero importante, luego entonces que un buen consultor debe diferenciarse de este tipo de prácticas y en verdad trabajar con todo el potencial de sus conocimientos para ofrecer alternativas bien sustentadas financiera, legal y organizacionalmente para que las empresas crezcan al ritmo que tienen planeado o bien los negocios buenos, se conviertan en negocios extraordinarios, para ello el consultor cuenta con varias oportunidades.

Identificar las necesidades de sus clientes

Una de las primeras funciones que deberá seguir el consultor es la de analizar, descubrir o identificar las necesidades de la empresa o del negocio. Muchas veces la preocupación de los empresarios es la de incrementar sus ventas, ya que ésta actividad es la razón de sus creación; otra preocupación puede ser la de rendimientos bajos, utilidades que no van de acuerdo al esfuerzo hecho por todo el equipo de trabajo o bien puede ser la falta de organización e información financiera de la propia empresa. Si una empresa o un cliente del consultor tiene este tipo de problemas resultará que por ende, el fiscal sea otro problema más, debido a que debe de pagar impuestos, al hacerlo y teniendo dichos problemas para la empresa, va a generarse como el principal problema a resolver, siendo que es el resultado de otro, por lo que el consultor debe identificar adecuadamente la razón de la petición de un cliente en materia de impuestos ya que este problema será parte de un todo. Con esta situación, el consultor, se está diferenciando de otros consultores, pero además ¡qué diferencia!

Estas circunstancias me recuerdan al comentario de un buen amigo experto en finanzas de nombre Mario que dice que cuando un cliente le dice que está pagando muchos impuestos, lo felicita porque ello quiere decir que está vendiendo bastante bien o que sus rendimientos son tan buenos que el monto de sus impuestos crece, para lo cual le anima a que siga por ese camino, en lugar de compartir con dicho cliente, su preocupación de que está pagando muchos impuestos. Es otro punto de vista que habrá que trabajar, sin embargo es cierto; para mi gusto ambas cosas deben ser analizadas para darle un adecuado soporte a las finanzas de las empresas o negocios

"Vender" la idea de posibles ahorros financieros

Una idea fundamental que sirve de soporte financiero cuando se busca estar en pro de analizar alternativas fiscales sería la de buscar posibles ahorros financieros por parte del empresario o el cliente del consultor fiscal, ya que siempre está latente dentro de las empresas que toda actividad genera un gastos o un costo y cuando éstos no son bien administrados, indudablemente habrán cargas fiscales innecesarias.

Por ejemplo, si en una empresa no se cuidan los consumos de luz, desperdiciando este importante recurso, la empresa tendrá que asumir un costo elevado innecesario, pero además dicho costo tendrá inherente cargas de impuestos como es el caso del IVA y de algunos derechos municipales. Otro caso, es cuando la empresa no cuenta con un orden o bien hay actividades que se duplican o realizan dos o más veces, es decir, la empresa tiene más empleados de los que necesitaría, de contar con un esquema de organización eficiente; esto se traduce en un aumento de costos y gastos de nómina, pero a su vez dicha nómina genera impuestos de seguridad social y otras contribuciones estatales.

Si el consultor observara este tipo de actividades que realiza la empresa buscando ser eficiente, entonces le ahorraría costos y gastos, pero además implícito irían los impuestos en dicho ahorro. Otro ejemplo, sería el relacionado con la eficiencia en las ventas o los ingresos de las empresas; una labor trascendente dentro de las mismas es generar ingresos para la Compañía, pero de forma eficiente, cuando lo vendedores de las empresas sólo consiguen vender por las cuotas o metas que les son impuestas o acordadas, dichos vendedores se encargarán de realizar las mismas, tal vez sin importar si éstas son cobradas a tiempo o bien, si el margen de utilidades es el adecuado o el que la Empresa puede obtener para cubrir sus gastos de operación y mantener un resultado positivo.

Qué sucede con los impuestos?, dichos ingresos o ventas generan Impuesto Sobre la Renta, Impuesto Al Valor Agregado y en su caso Impuesto Empresarial a Tasa Única; si los ingresos no son administrados eficientemente, se corre el riesgo de causarse este tipo de impuestos y tal vez la empresa se vea afectada financieramente por la forma y tiempo de su causación, por ende un consultor fiscal va a buscar orientar que las empresas tengan un adecuado funcionamiento en esta área, pudiéndole generar ahorros financieros importantes al evitar causar impuestos en cada uno de estos procesos.

Así, de esta forma, analizando, revisando y trabajando con una visión de generar posibles ahorros financieros se le puede ayudar a las empresas en todos sentidos, no solamente el fiscal, sino también en ser una empresa eficiente en sus actividades y las de los empleados que ejecutan dichas actividades.

Respetar a otros consultores

La actividad del consultor fiscal va a ser tan amplia como sus conocimientos y experiencia lo lleven, en el camino podría encontrarse con otros consultores que posiblemente esté analizando otro tipo de operaciones con la empresa pero que a su vez podrían hacer sugerencias parecidas o bien se podría involucrar en áreas estratégicas de la empresa; por ejemplo, cuando la empresa requiere de realizar planes estratégicos de crecimiento económico o bien está llevando a cabo una reorganización con otro tipo de consultores y a su vez se contrata a un experto en impuestos para resolver algún problema de esta área.

Otro caso muy frecuente es cuando la empresa tiene a su Despacho o Firma de auditores y necesita los servicios de un especialista en impuestos para resolver un problema en específico. Cuando sucede este tipo de servicios el consultor fiscal debe ser muy cuidadoso con la relación con otros consultores o prestadores de servicios profesionales para en su caso, compartir problemas y posibles soluciones ya que pueden haber interferencias o cada consultores o prestadores de servicios pensar en que tiene la preferencia y atención de los funcionarios de la Compañía que han solicitado de sus servicios.

Solamente con prudencia y experiencia se pude analizar la situación pero el consultor tendrá que tomar la iniciativa en respetar a sus colegas de prestación de servicios profesionales.

Esto va a ser apreciado por el cliente del consultor debido a que lo va a tener como un profesional haciendo que su equipo de trabajo colaborare con dicho consultor.

Prepararse en saber cómo vender su producto o servicios

Una de las cualidades que debe tener el consultor fiscal, será la de poder vender sus servicios profesionales o bien los productos que haya desarrollado. Por ejemplo, cuando un posible cliente le consulta en cómo poder resolver posibles problemas de impuestos, el consultor tendrá que identificar adecuadamente el problema y preparar un diagnóstico, así como la metodología o alcance de sus servicios para que pueda "venderlos", ya que muchas veces si su futuro cliente no alcanza a percibir cuál es el problema y sus posibles soluciones tal vez postergue la solución o bien aumente su problema desde el punto de vista fiscal; esto se puede resolver si el consultor presenta por escrito una propuesta de sus servicios en donde vendrán detalladas las principales características de los mismos, recomendando en su caso que dicha propuesta sea comentada personalmente con el cliente o con quien autorice éste.

La presentación de sus servicios debe ser impecable y no dudar en invertir el mayor tiempo posible a revisar todas y cada una de las características de una carta de prestación de servicios. La presentación de la misma debe ser en la forma adecuada, según ya vimos capítulos anteriores debido a que es la imagen del consultor.

Si el consultor tiene ciertos productos que ha desarrollado para aumentar la eficiencia organizacional, algún software que brinde apoyo para el cálculo de impuestos, alguna guía para preparar una declaración anual de impuestos o bien un método de fácil, acceso para cumplir con alguna obligación fiscal, resultará importante que el consultor se cerciore pueda hacer una presentación impecable para no disminuir la calidad de dichos productos.

Por ejemplo; si se trata de la presentación de un software, éste debe contener su etiqueta con la imagen de la Firma o Logotipo del consultor, así como el manual de uso; o bien si se trata de una guía para la preparación de una declaración anual de impuestos como por ejemplo la guía del Impuesto Sobre la Renta para Personas Morales, si es el caso, sería necesario que el consultor la imprimiera en una editorial de prestigio.

Identificar un nicho de oportunidad

En su camino por la experiencia de la consultoría fiscal, el consultor tal vez identifique un nicho de oportunidad que le haga ofrecer con mejor calidad sus servicios o bien, resolver problemas que surgen por los cambios en las leyes fiscales, como por ejemplo cuando hay ciertas condonaciones impositivas o bien el resultado de experiencias anteriores; este tipo de actividades pueden provocar un resultado.

Un resultado que puede incrementar el consultor si lo va detallando o depurando cada vez que presta dicho servicio; por ejemplo, la productividad de los empleados en una empresa en base a resultados.

Cuando el consultor de concentra en cómo identificar ahorros financieros para la empresa a través de la productividad de los empleados podría identificar bastantes elementos de motivación para los mismos, desde los económicos hasta los de satisfacción, pertenencia o calidad de vida y en esta área las posibilidades son tan extensas como imaginación tenga el consultor, ya que el hombre es un ser moldeable y si se trata de buscar beneficios en base a la productividad, entonces aquí es donde el consultor puede encontrar un nicho de oportunidad, debido a que se incrementará la riqueza de las empresas, la de los trabajadores y por ende la del fisco, puesto que todos estarán generando dicha riqueza.

Un nicho de oportunidad, por ejemplo, es el de formar parte de un Consejo de Administración, de un Entidad que esté trabajando adecuadamente este tipo de consultoría interna hacia la alta Dirección. Me refiero a la gama de oportunidades que tienen ciertos consultores, el poder trabajar en este tipo de Consejos, debido a que su aportación es valiosa dentro de las opiniones a dicha Dirección; sin embargo hay que conocer las características propias de los consejeros y poder venderse adecuadamente para no incurrir en errores de apreciación por parte de los accionistas o socios de una Empresa.

En palabras del C.P.C. José Carlos Cardoso en su libro " El Consejo de Administración y el Comisario Profesional"[15], explica algunas características de los miembros de un Consejo de Administración de la forma siguiente:

> "... En la designación de consejeros, se debe considerar el aprovechamiento de los conocimientos y la experiencia de profesionales especializados que de alguna manera estén vinculados con la naturaleza y tipo de operaciones que realiza la empresa, entre los que se puede citar a: sus consultores, abogados, auditores y banqueros; quienes a su vez cuentan con otros enfoques y se desempeñan en otros entornos, que hace más valiosa su participación.

> Los consultores, por lo servicios que han prestado a la empresa y por la experiencia derivada de su práctica externa, tienen el conocimiento necesario para impulsa la buena marcha de la organización; los abogados, por su parte, pueden realizar aportaciones valiosas en aspectos preeminentemente jurídicos; los Auditores Externos poseen una amplia visión de la situación contable, financiera y operativa de la empresa y están en inmejorables condiciones para analizar, opinar y recomendar las estrategias más convenientes a la solución de un problema o situación concreta, así como para el examen de las políticas específicas, programas y presupuestos..."

Derivado de lo anterior, considero que el consultor fiscal, sea Contador Público o Abogado, está facultado para poder participar en Consejos de Administración cuando así lo requieran los propios socios o accionistas, pero obviamente este tipo de consultores tendrán que hacer valer sus conocimientos para poder informar adecuadamente del alcance de sus servicios profesionales, ya que serán jugadores valiosos para una buena Dirección empresarial.

Otra área de oportunidad por ejemplo, es buscar el asesoramiento de los socios de las empresas ya que muchas veces descuidan su manejo patrimonial y a veces su situación fiscal, debido a que siempre están ocupados con la empresa de la cual son socios y dejan al último su situación personal.

---

[15] Cardoso C. Carlos. "El Consejo de Administración y el Comisario Profesional", Ed. IMCP, 1999, Pág.69

Por ejemplo, hay veces que algunos accionistas no conservan sus comprobantes de ingresos que tienen o bien hacen traspasos entre sus cuentas bancarias o mezclan las operaciones de sus empresas con las propias o incluso hasta la de su. esposa, esposo o hijos; circunstancia que a veces termina en una discrepancia fiscal. Esta discrepancia fiscal es necesario corregirla, ya que podrían tener algún problema con las Autoridades gubernamentales si se dieran cuenta de ello.

En fin, hay tantas áreas y situaciones personales o empresariales que son necesario revisar y comentar para que el consultor fiscal tenga siempre un alcance y una visión de todos los problemas que pueden tener las empresas incluyendo a sus dueños

EJERCICIOS DE ACCIÓN

1.- Haga una lista de diez servicios que sus clientes puede necesitar e identifique cuál de ellos, usted le puede ofrecer. Podrá observar que cuando menos tres tipos de servicios le puede ofrecer a sus clientes.

2.- Si cuenta con información financiera de algunos de sus clientes revise aquellas área en las que puede proponer cuando menos siete tipos de ahorros financieros a sus clientes y prepáreles una propuesta de servicios.

3.- Busque por oportunidades de negocios por donde sea, desarrolle una mente emprendedora y póngala a trabajar con sus clientes, se van a sorprender de cuántas oportunidades están dejando escapar.

4.- Comience haciendo citas con sus clientes para invitarles un café y comience a hablar de algún tópico de negocios y ensaye respetar a sus competidores, políticos, el persona de su empresa, etc.etc.

5.- Haga una lista de tres ventajas importantes que cuente para vender servicios si no las encuentra busque algún curso de ventas o bien identifique un buen libro sobre técnicas de ventas para empezar a promover sus servicio.

6.- Una vez que usted hizo una lista de diez servicios que puede ofrecer a sus clientes, identifique algún nicho de oportunidad y comience a explotarlo con la mejor profesionalización posible.

7.- Amplié su visión de largo alcance. Determine que materias necesita aprender y que habilidades necesita incrementar para empezar a construir su Firma de largo alcance

CAPITULO VIII

Sobresalir De Los Demás Consultores, Estableciéndose Así Mismo Como Un Experto En Su Campo

"Los impuestos no solamente nos empobrecen (quitándonos una parte sustancial del producto de nuestro esfuerzo). También nos hacen menos libres, ya que son el mecanismo que el Estado emplea para hacernos consumir esto y no aquello o comportarnos económicamente de una u otra manera. Gravando y desgravando a su antojo, el Estado nos induce a actuar como él cree conveniente. Así, los impuestos nos convierten en marionetas del ministro de Hacienda."
William Taylor

Mi gran amigo Manuel, cuando inicié a buscar la especialidad en la materia fiscal, me dio un gran consejo que hasta la fecha llevo a cabo: me dijo: si quieres triunfar en esta difícil materia tienes que esforzarte mucho, sacrificar diversión, vacaciones, familia y algunas otras actividades que te distraen para realizar una tarea, cosas que otros no hacen.

Este consejo y la de otros profesionales van haciendo que uno sobre salga de los demás, por lo tanto, si uno quiere sobresalir y tener éxito, tiene uno que llevar una actividad con excelente disciplina en ello y hasta que lo logre, confiará en que el éxito llegue por sí sólo, de lo contrario, se pueden hacer las cosas a medias y obviamente se tendrán medios resultados

Hoy en día, ante tanta información y competitividad las empresas y las personas buscan o solicitan cada vez más servicios especializados y por supuesto no hay duda de que generan mejores servicios quienes cuentan con una especialización o conocimiento determinado. Por supuesto este tipo de personas ganará más ingresos que otras quienes son "generalistas".

Hemos comentado en el capitulo anterior que tener un nicho de mercado, un producto o un servicio especializado en materia de impuestos hará del consultor fiscal un especialista, pero además si entiende el entorno o área en particular de los impuestos con ello puede operar como tal, haciéndole ver a sus clientes que es un especialista en dicha materia.

Un experto sabe cómo hacerlo

Si usted es un experto en el campo de los impuestos, seguramente sabe cómo hacer las cosas en materia de cumplimiento de obligaciones fiscales. Esta situación la debe aprovechar para ampliar dicha experiencia; en el caso de que aun no se sienta experto considere estudiar una especialidad en algún nicho de mercado que pueda visualizar, por ejemplo:

a) en materia de visitas domiciliarias
b) en la Ley de Derechos de los Contribuyentes
c) en el pago de impuestos
d) en trámites para devoluciones de impuestos
e) en uso y selección de medios de defensa legal
f) en prevención y corrección fiscal
g) en capacitación en presentar declaraciones de impuestos
h) en auditorías con alcance fiscal
i) en impuestos y derechos locales

Sólo por mencionar algunas áreas para que lleguemos a ser un experto en tal área de impuestos, pero dicha área podría tener aun mejores especialidades, mismas que habrá que ir descubriendo según nuestra experiencia y conocimiento.

El escritor Robert W. Bly, en su libro "Become a Recognized Authority"[16], utiliza la palabra "guru" para referirse a un experto y comenta que éste es, simplemente dicho, una persona ampliamente reconocida como un experto

---

[16]   Robert W., Bly Became a Recognized Authority, Ed Alpha, pag.2, 2002 USA

líder en su campo. Para poder llegar a ser un experto en el campo que elijamos será necesario que busquemos los medios para promocionar nuestros servicios como ya lo he comentado en el Capítulo IV. Piense por ejemplo cuál es la diferencia entre un conferencista experto en su campo que cobra $ 100,000.00 por una conferencia de 2 horas a un profesional "generalista" que cobra $ 10,000.00 por una conferencia del mismo tiempo de duración?, seguramente ambas personas está bien preparadas en el tema de su elección, ambas tomaron grados de maestría en sus posiciones, pero una de ellas se ha promocionado con y en los mejores medios como un o una experta en su campo.

Sin embargo no basta en ser un experto en su campo, necesitamos decírselo a nuestros clientes y amigos para que ellos mismos sepan que estamos en dicho campo para resolverles problemas.

Un experto se prepara para serlo

Una persona experta en su campo explica a sus clientes y a quienes demandan por sus servicios, cómo hacerlo, cómo resolver problemas y ofrece alternativas para que sus clientes escojan las que más se adapten a sus necesidades. ¿Pero qué necesita una persona para llegar a ser experto? En palabras del escritor Michael Masterson en su libro SEVEN YEARS to SEVEN FIGURES[17] comenta que es posible lograr competencia en cualquier aptitud complicada y para ello las clasifica en tres niveles

1.- Competencia
2.- Maestría
3.- Virtuosidad

Para lograr cubrir alguno de los niveles antes descritos, menciona que es necesario que una persona invierta el siguiente tiempo medido en horas

1.- Para llegar a ser competente en cualquier aptitud valorable, invertir cerca de 1000 horas

---

[17]   Masterson, Michael, SEVEN YEARS to SEVEN FIGURES, Ed. Wiley, 2006, pag.171 USA

2.- Para llegar a hacer o desarrollar dicha aptitud con maestría, invertir cerca de 5000 horas

3.- Y para ser un virtuoso en dicha aptitud o habilidad se requiere de un tiempo invertido entre 25,000 a 35,000 horas

Por lo tanto para llegar a ser un experto en caso de no serlo, se requiere hacer lo siguiente:

a) Escoger un campo de experiencia o nicho de oportunidad

b) Ser competente en ello a través de colaborar en Firmas que cuenten dentro de sus servicios a la consultoría fiscal

c) Llegar a ser maestros en el campo escogido de tal suerte que el consultor debe participar en todo lo que sea relevante en dicha área, tomando notas, asistiendo a cursos, adquiriendo material especializado

d) Buscar la forma de que sea invitado a dar conferencias, cursos o seminarios en los que se involucre el área de su especialización

Ofrecer confianza a sus clientes

Lógicamente para llegar a ser un experto no basta que el consultor fiscal asuma por el sólo hecho de haber estudiado o haberse preparado en una especialidad el tiempo que elija, dependiendo de ser competente o maestro en dicha área, ya que cuenta con la preparación suficiente y que los clientes van a llegar por montones, pues se requerirá de otro ingrediente denominado confianza; confianza en su persona y sus servicios para que pueda ser catalogado como un experto.

La confianza se logra con el tiempo y puesto que el consultor fiscal comenzará a trabajar con un cliente, en la medida que cumpla, que resuelva y proporcione alternativas a los problemas expuestos por sus clientes, se ganará la confianza y por ende quedará clasificado como un experto en su campo.

La suma de varias cosas van haciendo que el consultor fiscal transmita la confianza, pero sobre todo la credibilidad en su persona, puesto que la confianza se crea a través de la credibilidad y para conseguir ésta se requieren de los siguientes actividades

a) **Documentos que demuestren los grados académicos alcanzados.-** el profesional de la consultoría fiscal debe tener a l vista los principales documentos que le han dado en las diferentes Universidades e Instituciones donde ha logrado su preparación académica, preferentemente en su oficina en donde sus clientes o prospectos lo visitan y se darán cuenta de dichos logros en forma indirecta. Un buen lugar puede ser la sala de juntas o una biblioteca, pero que de preferencia sea visitado por los clientes del consultor

También los colaboradores de dicho profesional se dan cuenta de ello y dan testimonio de lo que su líder ha conseguido y por lo tanto es fácil que ellos transmitan esa confianza a los clientes ya que se sentirán suficientemente respaldados.

b) **La consolidación de ser un buen conferencista.**- a través de los años el consultor debe trabajar el difícil arte del uso de la palabra ya que no es fácil ofrecer conferencias si no se cuenta con el respaldo técnico adecuado a dichas tareas.

Muchas veces resulta relativamente fácil dar clases de la materia de la cual uno es especialista o conoce perfectamente bien, pero cuando se trata de conferencias en donde el número de asistente ya es importante, hablemos de 100 en adelante, ya comienza a imponer el auditorio.

Recuerdo la primera vez cuando fui invitado a participar como ponente en una serie de conferencias relativas a las Reformas Fiscales del Colegio de Contadores de nuestra localidad, participé con otros ponentes cuya experiencia ya era importante sin embargo la mía todavía no lo era, pero el hecho de haberme preparado anteriormente al tomar un diplomado en oratoria y un curso en cómo hablar bien en público, me dio la seguridad que necesitaba para enfrentar tal reto.

Con frecuencia empecé a recibir invitaciones no solamente de dicho Colegio, sino también de Universidades y otros organismos.

En una ocasión en que un colega quería participar junto con nuestro equipo de trabajo para impartir las conferencias en turno, simplemente el mismo día de ello, se enfermó y ya no asistió al evento por lo que decidimos disculparlo públicamente por la enfermedad, pero sabíamos que le impuso el auditorio al cual le presentaríamos la conferencia

c) **Ser un catedrático responsable y con buena ética.**- cuando uno sabe de un tema o bien eres especialista y te invitan a participar en dar clases como catedrático de alguna Universidad prestigiada, lo importante además de las clases es la responsabilidad y la ética en su manejo, debido a que hay situaciones en las que probablemente por exceso de trabajo, en algunos momentos no llegue a cumplir con esa responsabilidad, la de dar clases; los alumnos observan y saben que un maestro no aplica bien la ética académica y entonces se le puede crear un entorno desfavorable.

Por otra parte, de lo contrario, si un maestro o catedrático se maneja dentro de los estándares académicos, va a lograr credibilidad y confianza en sus alumnos, mismos que probablemente el día de mañana le recomienden con sus negocios o con sus clientes, como me ha sucedido en repetidas ocasiones.

d) **Escribir artículos técnicos de su especialidad.**- dentro de esta parte, el profesionista que empiece a hacer esta bonita actividad, se le va a facilitar el incrementar la confianza en su persona y como ya lo comenté, a aumentar la credibilidad en él.

Tengo un amigo que ha escrito para varias revistas prestigiadas y a la fecha eso le ha aumentado su credibilidad personal sobre todo ha incrementado su acervo del conocimiento en su especialidad y obviamente su confianza en su clientes y colaboradores.

Conseguir el conocimiento que necesita

Uno de los aspectos más sobresalientes que puede hacer un consultor de éxito es conseguir el conocimiento que necesita en forma directa o en forma indirecta.

El conocimiento en forma directa ya hemos visto varias opciones que puede hacer el consultor desde hacer una maestría en el campo de sus especialidad, un diplomado, etc, hasta tomar un curso en el que desarrolle e incremente sus habilidades de su especialidad.

Sin embargo, el conocimiento de forma indirecta es aquel que se obtiene de terceras personas, entrevistando a un experto o contratándolo. El consultor fiscal debe de buscar entre los mejores consultores de negocios, de mercadotecnia, de publicidad, de innovación financiera y en especial el del área fiscal, ya sea como abogado o contador pero que sea experto en la materia.

Se puede contratar cualquier consultor para conseguir que el conocimiento y la experiencia de éstos ayuden a la Firma a desarrollar una metodología y con las estrategias que han sido probadas para el éxito en los negocios.

Es como cuando se requiere conseguir un buen automóvil y las posibilidades son de comprarlo o rentarlo. Si se compra puede haber una descapitalización financiera, pero si se renta tiene un valor que en el momento que se utilice sirve para los objetivos que se tendrían y cuando se cumplen dichos objetivos se puede dejar de usar dicho conocimiento.

Ir con un buen consultor puede significar un gran de recursos financieros y del tiempo, ya que un consultor especialista ha invertido años en su preparación y desarrollo y conseguir la ayuda de esos profesionales puede significar ese gran ahorro de recursos.

Por supuesto, contratar a un consultor pude ser una actividad difícil pero que tiene una gran recompensa. Casi siempre la gente exitosa quiere ayudar a otras personas que están formándose en el campo de su especialidad, por lo que también considero que puede ser una actividad no tan difícil.

La actividad de conseguir a un buen consultor, consiste en invitar a los mejores de la comunidad a tomar un café o a desayunar y hacerles preguntas sobre temas diversos, pero sobre todo investigar muy prudentemente con ellos, cómo se formaron e su especialidad y ese conocimiento adquirido será bastante barato en relación a conseguir académicamente dicho conocimiento.

Por supuesto cuando se termine la sesión será necesario agradecerle con algún reconocimiento y por supuesto pagar la cuenta. En determinados momentos solicitarle una consulta con cargo de honorarios; lo que pueda cobrar un especialista a un colega puede ser una buena inversión económica comparada con el conocimiento que puede aportar

EJERCICIOS DE ACCIÓN

1.- Determine hoy ser de los 10 mejores en su área dentro de los siguientes 5 años. Haga un plan de cómo va ir evolucionado su presencia dentro del campo de actuación para incrementar las habilidades que requiera para ello.

2.- Busque un área en donde sea bueno e incremente dicha habilidad incluso piense en tomar un curso o una maestría en ello

3.- Analice su mercado e identifique necesidades no cubiertas y problemas no resueltos que le podrían ayudar con el desarrollo de nuevos servicios.

4.- Ponga a prueba sus ideas para los nuevos servicios y dígale a sus clientes que usted es un experto en dichos servicios. Consiga opiniones de otros de lo que está haciendo. Abra su mente a toda clase de opiniones, incluso si en determinado momento le parecen opiniones negativas.

5.- Decida prepararse exhaustivamente como lo haría un deportista que va a competir, es decir, entrene diariamente todo el tiempo que sea posible, no escatime horas y días de descanso.

6.- En cualquier oportunidad que tenga de platicar con sus clientes y amigos envíeles mensaje de confianza para que sea usted una persona digna de confianza, aproveche cuantas oportunidades tenga de hacer sentir a dichas personas que usted es confiable

7.- Navegue un rato por Internet e identifique los shows que se estén llevando a cabo en las áreas de su interés. Haga planes para invertir uno o varios días en ellos y póngase en contacto con dos o más expositores para ver las posibilidades en el futuro con sus servicios

CAPITULO IX

La Responsabilidad Como Consultor Fiscal

"Gravar con impuestos los beneficios del trabajo es igual que el trabajo forzado. Apoderarse de los resultados del trabajo de alguien es equivalente a apoderarse de sus horas y ordenarle realizar actividades varias".
Robert Nozick

Mi padre que en paz descanse, nos enseñó a mis hermanos y a mí, la forma de manejar la responsabilidad como un valor de los hombres para satisfacer la conducta de los mismos a través de sus actividades y lograr éxito. Nos comentaba que una persona irresponsable no cabía en ningún lado y que además iba a ser difícil que fuera una persona confiable.

Para entender ello nos contó una historia la cual se trataba de una persona encargada de hacer detener en las noches, a camiones y autos, en un tramo de una vía del ferrocarril cuando éste pasara; sin embargo un buen día se durmió, su responsabilidad para la cual había sido contratado falló y por consiguiente las consecuencias fueron desastrosas por el accidente que se presentó y dejó varias personas sin vida.

Esta breve historia me recuerda lo que hoy en día están pasando empresas, instituciones y población en general sobre la gran crisis económica y social debido en gran parte a irresponsabilidad de algunas personas que llevan la titularidad de dichas organizaciones, así también como la de varios funcionarios de gobiernos que no tiene responsabilidad de saber conducir un país.

Es importante destacar que la responsabilidad de un profesionista juega un papel importante en la prestación de los servicios profesionales; la responsabilidad del consultor fiscal destaca en el hecho de que es solicitado como un experto en el tema a resolver y por ello su responsabilidad aumenta, además hay otro factor que está íntimamente relacionado con dicha responsabilidad y se debe a la información que llegamos a conocer de dichos clientes, en esta parte se considera que puede haber información de los negocios de los clientes pero también información de su persona o de su familia, de sus socios o de los familiares de los socios y ello representa un reto a la responsabilidad del consultor fiscal

No tomar los asuntos de sus clientes a la ligera

El servicio de consultoría en materia de impuestos como de otros servicios implica un fuerte compromiso entre el cliente y el consultor, puesto que el problema del cliente puede llegar a representar uno de los problemas más importantes o apremiantes, para el consultor puede ser un problema cotidiano o de menor grado en su escala de importancia.

Por ejemplo, en asuntos de aplicación del ejercicio de facultades de las autoridades fiscales, para un contribuyente puede ser un problema muy fuerte, ya que estamos hablando de una auditoría o revisión de sus papeles, libros y toda una serie de información que respalda el cumplimiento de sus obligaciones fiscales y dependiendo de la forma en que las autoridades ejerzan dichas facultades habrá un grado de evaluación de dicha actividad por parte del cliente; sin embargo para un consultor, tal vez represente una oportunidad de observación y adquisición de experiencia.

En dicho caso, el consultor debe adquirir la prudencia necesaria para tomar con la mayor seriedad y absoluta responsabilidad el asesorar a su cliente para ofrecerle la calma necesaria y las alternativas de solución a su cliente; muchas de las veces la forma en que el consultor asimile y reciba una petición de su cliente con ello habrá avanzado mucho en el otorgamiento de la confianza a que nos referimos en el capítulo anterior.

Precisar el alcance de sus servicios

Uno de los problemas cotidianos que se presentan cuando un cliente requiere de los servicios del consultor es el alcance del servicio; cuando un cliente se siente abrumado por los problemas y no encuentra salida dentro de la organización o bien con su equipo de trabajo es cuando requiere del auxilio de un profesionista que le ayude a resolver tal problema. Sin embargo a veces se trata de varios problemas que han desencadenado un gran problema a un problema.

Cuando un cliente se acerca con un consultor para pedir ayuda, éste debe prestar toda la atención a su alcance para identificar los problemas que tiene su cliente y de esa forma, una vez que ha analizado el problema, puede hacer un diagnóstico del mismo para luego proponer, el servicio que se ha de prestar, su alcance, tiempo y otros asuntos más. Todo ello se podrá definir en una carta de prestación de servicios profesionales, por lo que a continuación menciono los aspectos que se han de definir en dicha carta.

a) Solicitud de entrevista con el cliente
b) Escuchar al cliente en la exposición del problema
c) Repetir al cliente el problema que éste ha comentado al consultor
d) Identificación de alguna otra circunstancia que afecte a la situación expuesta
e) Preparar una carta de prestación de servicios profesionales
f) Comentar la carta de prestación de servicios profesionales con el cliente

a) **Entrevista con el cliente.-** Aun cuando con una llamada telefónica a veces puede determinarse cuál es el problema que el cliente le pide resolver a un consultor, es bueno que se concrete una entrevista para determinar exactamente cuál es el problema a resolver y poder ofrecer el alcance respectivo. Ha habido ocasiones que el cliente pensó de una manera y el consultor de otra, por no haberse aclarado bien el mismo.

b) **Escuchar al cliente en la exposición del problema.-** En realidad esta es la mejor manera de identificar el problema, pero se requiere de cierta prudencia y además como lo dicen los expertos en ventas, saber escuchar al cliente sin interrumpirlo es parte de una venta ya realizada, pero en este caso habrá que identificar qué quiere el cliente, escuchando cómo percibe él el problema de su organización.

c) **Repetir al cliente el problema que éste ha comentado al consultor.-** Cuando se ha escuchado adecuadamente, el consultor con un pequeño cuaderno de notas, al estilo de un periodista que entrevista y quiere obtener la mejor nota periodística, le puede repetir al cliente la percepción del problema para confirmar que se ha entendido por ambos.

d) **Identificación de alguna otra circunstancia que afecte la situación expresa**.- Además con la experiencia del consultor éste le puede hacer preguntas a su cliente para verificar que además de lo comentado por éste, pueden haber otras circunstancias que estén afectando a la organización o al cliente y entonces con ello puede abundarse en la percepción del problema.

e) **Preparar una carta de prestación de servicios profesionales**.- Una vez que el consultor ha identificado el problema expuesto por el cliente, se puede sentar a detallar el alcance del trabajo que le va a proporcionar al cliente del tal suerte que ambos estén de acuerdo en ello, pero lo más importante es que el cliente no vaya a pensar que el consultor le va a resolver toda clase de problemas con los que se enfrente una vez que esté realizando el respectivo trabajo; de igual forma esta identificación y preparación de la carta de prestación de servicios, sirve para proponer lo honorarios profesionales que se han de devengar con motivo del servicio a prestar, de igual forma para evitar confusiones y sobre todo pensar que con dicho importe se van a resolver toda clase de problemas detectados en el servicio respectivo.

Por ejemplo, en el libro Normas y Procedimientos de Auditoría y Normas para Atestiguar[18] el boletín 7010, hace referencia a que cuando un Contador Público proporciona un servicio de atestiguar, como parte de un servicio de Consultoría, las normas para atestiguar son aplicables únicamente al servicio de atestiguar. Y que cuando el Contador Público determina que se va a prestar un servicio para atestiguar como parte de un trabajo de consultoría, debe informar a su cliente de las diferencias relevantes entre los dos tipos de servicios y obtener confirmación de que el servicio de atestiguar se va a conducir de conformidad con los requerimientos profesionales apropiados.

---

[18] IMCP, Normas y Procedimientos de Auditoría y Normas para Atestiguar, Ed. IMCP, 2009, Pág 26-7010

Que la carta convenio de consultoría o una modificación de ésta, debe documentar el requerimiento para prestar el servicio de atestiguar.

Por lo tanto, el Contador Público debe emitir informes por separado del servicio de atestiguar y el trabajo de consultoría y si, se presentan ambos en un solo cuaderno de informe, el mismo debe identificar ambos servicios y segregarse por separado el informe respecto a consultoría

f) **Comentar la carta de prestación de servicios profesionales con el cliente.**- Aun cuando el cliente la puede recibir en sobre cerrado, probablemente lacrado o si urge mucho, tal vez la reciba en bandeja de entrada de emails, sería recomendable que el consultor comentara personalmente su carta de prestación de servicios profesionales puesto que en ella estará confirmando cuál es su responsabilidad. Esa, su responsabilidad, es preciso que el consultor la confirme con su cliente y confirmar quiere decir que ha adquirido una gran responsabilidad por resolver el problema que le ha expuesto su cliente y de ser posible aumentar un poco su valor

En todo lo posible el consultor debe hacer sentir a su cliente plena confianza porque el consultor habrá adquirido una gran responsabilidad y al escribirlo por medio de una carta confirma dicha responsabilidad. Cuando no hay nada escrito, cada parte sentirá cierto temor de hasta dónde pueden llegar los servicios solicitados o el apoyo brindado

No involucrarse con los problemas propios de su cliente o sus empleados

En algunas ocasiones las relaciones humanas de los clientes del consultor con sus trabajadores o funcionarios de su organización no han sido todo lo deseable para mantener la prosperidad del negocio, objeto de la consultoría, por lo que el consultor debe identificar plenamente si existen o hay la posibilidad de que existan problemas entre ambas partes, puesto que dicha circunstancia puede afectar el desempeño de ambos y por ende se pueden crear problemas diversos.

Otro lado opuesto puede ser que haya un acercamiento de tal magnitud que a veces no sólo son compañeros de oficina o colaboradores de una organización, sino también amigos o compadres, amigos o amantes, amigos o compañeros frecuentes de salidas sociales.

Las circunstancias anteriores, o bien malas relaciones humanas y por ende laborales, o bien, buenas relaciones humanas y laborales que llevadas al extremo pueden implicar problemas graves de desempeño en perjuicio de la productividad de la organización a la que se deben.

Recuerdo el caso de un cliente en el que al existir pésimas relaciones humanas en un estado totalmente al extremo, comenzaron a brotar los problemas de productividad y además en la parte que nos ocupa, problemas de carácter fiscal por dejar de presentar obligaciones fiscales y también por no atender de manera profesional los resultados que estaba mostrando la Compañía.

En otro caso, detectamos que en una Compañía se generó tanto acercamiento entre los funcionarios de ésta que se dio un derecho al compadrazgo y esto generó desatención a las actividades de cada quien, pero sobre todo a que los problemas de carácter fiscal crecieran a tal grado que las autoridades fiscales frecuentemente le están requiriendo a la Empresa el cumplimiento de sus obligaciones fiscales o están verificando dicho cumplimiento y por ende, éstas personas le están ocasionando a su compañía, baja productividad.

Lo anterior, demuestra que el extremo de las relaciones humanas entre los funcionarios y empleados de una organización, así como con sus dueños, es tan perjudicial como actividades y funciones haga cada quien, pero el consultor no debe involucrarse en el manejo de dichas relaciones so pena de inmiscuirse de manera indirecta y sobre todo la posibilidad de tomar partido en el que alguien podría salir dañado o lastimado en su situación personal, ya sea económica o sentimental.

Sugiero realizar tres acciones para identificar lo anterior y evitar involucrarse por parte del consultor en dichos problemas

-   Al iniciar su trabajo y durante el mismo, el consultor debe identificar el estado que guardan las relaciones entre los dueños y los funcionarios, o sólo entre uno de ellos, debiendo aplicar un breve cuestionario sobre el ambiente de trabajo, que le permita llegar a dichas conclusiones.

Dicho cuestionario es como cuando se evalúa el control interno de una Compañía, debe revisarse el ambiente de la misma.

- De identificar a través de el cuestionario y con sus pruebas sobre el mismo, que las relaciones humanas entre ambas partes están llevadas al extremo, es decir, o son tan malas que casi no se hablan las partes involucradas o son tan buenas que casi es un centro de convivencia social, hacer un diagnóstico de las mismas y realizar una sugerencia a la alta Dirección para evitar confusiones en el trabajo que se le encomendó y que posiblemente parezca que es de otra índole.

- Finalmente no involucrarse en dichos problemas derivado a que entre más imparcial se maneje un consultor, menos dañado podría salir de sus tareas y además, los dueños y funcionarios de la Compañía agradecerían dicha imparcialidad porque así tal vez se ofrezcan a colaborar de manera total con dicho consultor.

Ofrecer calma y seguridad al cliente en los asuntos que se sienta angustiado

Ya en otro apartado me había referido a la importancia de que el consultor tome los asuntos de sus clientes con absoluta seriedad porque implica la respuesta que un cliente de él está esperando y sobre todo que éste en algunos momentos dependiendo del problema se siente angustiado y a veces estresado por los problemas de carácter fiscal.

Es en dicho sentido en el que el consultor debe ofrecer calma y seguridad a su cliente con cualquiera de las siguientes acciones:

a) Tomar la llamada telefónica de sus clientes, escuchar con paciencia, sin interrumpir en lo menos posible.

b) Hacer una cita lo más rápido que se pueda para entrevistarse con su cliente.

c) En caso de ser alguna situación urgente para el cliente, ir de inmediato y ofrecer calma y cierto optimismo de que el problema no es tan grave como lo observa el cliente.

d) Por consiguiente, el consultor, puede tomar el asunto en la medida en que se preste la situación y liderar las posibles soluciones al problema.

e) Posteriormente hacer una resumen ejecutivo, cerciorándose de que el clienta entienda perfectamente la magnitud del problema sin "estirarlo", mucho debido a que ello precisamente es lo que le ocasiona al cliente un estrés.

f) Una vez que ya se haya tranquilizado la situación, se le pueden ofrecer al cliente diferentes alternativas de solución.

Recuerdo en una ocasión cuando ya contaba con mi Firma, estaba cursando una maestría y un compañero colega me pidió que le asesorara para manejar su Firma, ya que en esos momentos se estaba iniciando con la apertura de la misma.

A pesar de saber que yo me dedicaba a la consultoría de negocios él me comentó que se dedicaría a otra especialidad aun cuando también era consultoría. Le comenté que no habría problema por mi parte, establecimos un convenio por escrito, me pagaba una iguala mensual y pasaba en forma mensual a revisar temas que él tenía pendientes de resolver.

Siempre nos manejamos con una gran responsabilidad y seriedad profesional. Nuestro convenio duró un par de años y durante eses tiempo él me referenció algunos clientes, con los cuales él no podría llevar a cabo el trabajo por la falta de experiencia y otros requisitos inherentes al servicio.

Con dichas referencias de clientes se cubrió en mucho lo que yo invertí de tiempo con él y su equipo de trabajo, ya que también habíamos considerado en nuestro acuerdo, que yo tendría que resolver dudas del mismo.

EJERCICIOS DE ACCIÓN

1.- Tómese un tiempo para desarrollar un plan de negocios antes que comience invirtiendo tiempo y dinero en aquellas actividades de su especialización. Determine de dónde provendrán sus ventas, cuánto le costarán, cuánto invertirá y cuánto ganará.

2.- Haga un compromiso de absoluta responsabilidad con su Firma y con sus clientes de que sus servicios serán lo mejor para ellos y para usted.

3.- Identifique cuál es el alcance que le pude dar a sus servicios. Haga una lista de aquellas cosas en las que no puede comprometerse para hablarlo claro con sus clientes.

4.- No se involucre ni con negocios ni de manera sentimental con las personas que trabajan con sus clientes de tal suerte que siempre sus clientes lo vean y traten con la mejor neutralidad posible.

5.- Tome algún curso para el control de sus emociones y le pueda brindar a sus clientes el resultado de los mismos. Prepare incluso una plática con ellos de dicho curso para que en cualquier circunstancia puedan reaccionar de la mejor manera.

6.- Haga un hábito de utilizar su inteligencia e imaginación en la resolución de problemas, más que el dinero para que transmita dicho hábito a sus clientes

7.- Suscríbase a revistas de negocios especializadas en el desarrollo de servicios profesionales independientes, ya que este tipo de revistas ofrecerán a los mejores en su campo.

CAPITULO X

Cómo Determinar El Monto
De Honorarios A Devengar

"El gobierno no puede hacer al hombre rico, pero puede empobrecerlo."
Ludwig von Mises

U no de los mejores consejos que recibí de un maestro, estando todavía en la escuela en licenciatura, fue el de saber cobrar bien sus honorarios, sin regalar su trabajo, pero también sin parecer demasiado ambicioso.

Creo que todos no hemos enfrentado alguna vez a un cliente que nos ha preguntado, ¿Cuánto te debo, o bien, cuánto me va a cobrar? Y por consiguiente no nos hemos preparado para tal pregunta, a veces, al inicio de nuestra práctica profesional, el cliente nos ve dudosos que en determinados momentos nos dice, al rato me comentas o bien él pone el precio.

¿Porqué padecer por semejante situación cuando uno debe saber valorar el trabajo que realiza, cuando uno está seguro de lo que sabe y de los problemas que tiene que solucionar?. Además el dejar al último el importe que le vamos a cobrar a un cliente puede hacernos perder la confianza ganada por éste y por consecuencia, podemos estar a la baja en nuestra estima.

Uno de los principales aspectos a considerar por un consultor es el importe de honorarios que debe cobrar a un cliente por sus servicios de consultoría fiscal, ya que ello podría darle al consultor un beneficio redituable por los servicios que presta.

Sin embargo en este aspecto es importante hacer un trabajo de consciencia debido a que se necesita cuantificarlos de tal manera que no se vea como un consultor que regala su trabajo y por ende se dude de su capacidad profesional por lo "barato" que sean su honorarios, pero también es cierto, no debe cuantificar sus honorarios de tal magnitud que sus clientes lo dejen de contratar por ello mismo, en otras palabras que se vea como mercantilista y pierda la oportunidad de mercado que hay en la consultoría fiscal.

Dentro de este tema se dice que es un arte cobrar honorarios y efectivamente lo es, ya que muchas veces el consultor tiene que ser buen observador de cómo es su cliente; a veces el cliente es una persona que todo lo ve desde el punto de vista mercantil y piensa que los honorarios de un profesionistas así deben ser tratados, otras veces, el consultor debe observar la magnitud de las operaciones o bien el monto económico de los problemas que le han surgido a su cliente para verificar cuál ha sido la tendencia y el efecto de los mismos en la situación financiera de la Compañía

De los puntos comentados, a continuación me permitiré sugerir algunos de los métodos utilizados por profesionistas y Firmas de Consultores para cuantificar sus honorarios y pueda obtenerse el punto de equilibrio entre las partes involucradas

Métodos más frecuentes

Uno de los métodos más utilizados es el de la inversión de la Firma o lo que representa haber invertido en una Firma de consultoría. Dentro de este método están los siguientes aspectos:

a) Inversión mensual para mantener la Firma en operación
b) Pago de honorarios y remuneraciones a su personal de Staff Profesional
c) Pago de sueldos y salarios a su personal de asistencia ejecutiva
d) Inversión de horas anuales por cada miembro del satff que participa en la prestación de los servicios profesionales de consultoría

a) **Inversión mensual para mantener la Firma en operación.**- Dentro de este tema el consultor debe cuantificar cuánto le representa invertir en forma mensual en su Firma, es decir, en los gastos de operación, como son: la renta, papelería, luz, equipo de cómputo, consumibles y otros gastos de operación relacionados con la prestación de sus servicios. Dentro de este punto el consultor debe comparar dicha inversión con el importe de los honorarios que ha cobrado para obtener un % de participación de los conceptos que a veces se le denominan indirectos.

b) **Pago de honorarios y remuneraciones a su personal de Staff Profesional**.- El consultor debe cuantificar el importe de honorarios que está cubriendo a su personal de Staff Profesional, es decir, al que presta directamente los servicios. En este punto el consultor debe señalar un cuadro por niveles de responsabilidad, tiempo y especialización en su caso, para saber cuánto representa por hora el importe de dichas remuneraciones.

El promedio de horas invertidas al año en una Firma de consultoría por cada integrante que presta servicios es de 2000 horas; dicho promedio se obtiene de restar al año de 365 días, los siguientes conceptos:

1.- días no laborables como sábados y domingos y días feriados
2.- vacaciones
3.- días de capacitación
4.- 3 o 4 días económicos

El resto se multiplica por 8 horas laborables y se obtiene un promedio al año cercano a las 2000 horas, dependiendo de las costumbres y el lugar en donde se presten los servicios de consultoría. Por ejemplo en Puebla, se considera día inhábil el 5 de mayo; mientras que en Poza Rica, se considera como día feriado el 18 de marzo, por citar sólo dos ejemplos de lugares donde hay fechas históricas u otro tipo de días no laborables

c).- Por último el consultor cuantifica el importe de sueldos y salarios que paga a su personal de asistencia ejecutiva para saber el importe de indirectos total que podría cargar a la cuantificación de honorarios que haga.

Una vez que el consultor tenga estos importes y números podría saber o estimar el importe en horas que le llevará realizar un determinado trabajo, así como la posible inclusión de parte de su Staff Profesional para con ello cuantificar el monto de honorarios que cobrará a su cliente.

En resumen, el consultor podría determinar el importe de sus honorarios en este tema como a continuación se menciona:

a) Valor de honorarios pagados a su Staff
b) Valor de honorarios pagados a su personal de asistencia
c) Valor de indirectos a ocupar en sus trabajos
d) % de remanente deseado alcanzar en el servicio

Responsabilidad del consultor y de su equipo

Otro método eficaz se obtiene de saber o estimar cuál va ser la responsabilidad del consultor, si se requiere sólo la participación del consultor o si es necesario que le auxilien parte de su Staff o necesitará de algún profesionista especializado; todo ello el consultor con experiencia y buen juicio lo puede detectar cuando habla con su cliente.

Por ejemplo, si una empresa le solicita al consultor fiscal la aplicación de un método a ser utilizado por ésta en el cumplimiento de sus obligaciones fiscales referido a los precios de transferencias cuando hay partes relacionadas, tal vez aquí lo que se requiera es una persona especializada en dichos métodos, por lo tanto si el consultor tiene a la persona ideal en su Firma, sabrá que se trata de un servicio especializado que requerirá tal vez dos o tres personas en el estudio y podría de esa forma cuantificar el importe de sus honorarios.

Otro ejemplo se da cuando un cliente necesita que se revise una notificación de algún crédito fiscal determinado por una autoridad fiscal y entonces el consultor, requiere de poner todo sus conocimientos e investigar sobre las causas que motivaron dicha determinación, así como fechas claves de vencimientos para ejercer algunas alternativas legales, posibles bonificaciones y en su caso las pruebas para desvirtuar en determinados momentos dicho crédito y la posibilidad de hacer entonces, uso de los medios de defensa, preparar todo el expediente, seleccionar la mejor alternativa, preparar el medio de defensa.

Todo esto requerirá del conocimiento especializado del consultor; en este caso él podría cuantificar sus honorarios de acuerdo al conocimiento y responsabilidad aun cuando una buena parte lo haría con base a todo el tiempo que le va a ocupar en dicho proceso hasta tener la resolución que ponga fin a dicho crédito fiscal.

Algunas veces lo que se estila a fin de no llegar a tener problemas es que del importe determinado o estimado se le cobra al cliente un monto en porcentaje mismo que puede ser ofrecido en dos o tres pagos y cuando se tenga el resultado otorgado por otras autoridades o por los tribunales en su caso, se cobrará el saldo respectivo.

A veces el resultado no es el esperado por el cliente, es decir, no gana el caso en el cual la autoridad le determina un crédito fiscal, por lo tanto el cliente por supuesto deberá pagarlo, aun en estas condiciones el cliente necesita de los servicios del consultor para escoger la mejor alternativa para liquidar dicho crédito, de lo contrario aumentarán los problemas de carácter fiscal para el cliente del consultor.

Resultados y/o beneficios

Otro método que puede ser recomendado es de la obtención de resultados favorables al cliente del consultor en casos como el comentado en el punto anterior, dentro del cual ya no se cuantifica la responsabilidad, tiempo, análisis e investigación. En estos casos la cuantificación se hace de acuerdo a un % del monto del beneficio que probablemente se pueda obtener en el uso de los medios de defensa de un crédito fiscal determinado por el contribuyente.

Aun cuando también es recomendable usar este método cuando se hacen ciertas solicitudes de devoluciones de impuestos en los que es difícil cuantificar el tiempo invertido debido a que no se tiene la seguridad razonable de lo que pueda la autoridad requerir en pro de la devolución.

Por supuesto que son casos aislados por beneficios que en el futuro pueda recibir un cliente del consultor por realizar ciertos trámites que le brindará beneficios económicos a su cliente y por lo tanto este método resulta favorable a ambas partes.

Los casos más representativos de este tipo de métodos son cuando se solicita la devolución de IVA en el que se requiere algunas veces una declaratoria por parte de un contador público que cuenta con registro ante el Sistema de Administración Tributaria para que las devoluciones se puedan realizar por parte de esta Autoridad en menor tiempo al en que pudiera aplicarse de no contar con dicha declaratoria.

Cuando por alguna causa sea difícil para usted determinar el monto de los honorarios por el servicio que va a prestar, es tal vez, porque sea la primera ocasión que le pueda prestar dicho servicio, o bien que no ha realizado antes algún otro y desconoce por las características del mismo, cómo cuantificar el monto de los honorarios.

Lo mejor será decirle al futuro cliente que le espere unos momentos para después comentarle sobre el mismo. De esa forma, se le deja un pequeño espacio, mientras tanto usted le puede pedir un consejo a alguien de su equipo de trabajo considerada como su mete maestra, o bien, un buen amigo que tenga que le pueda orientar sobre cómo manejar el asunto de los honorarios.

En una ocasión me solicitaron un peritaje, mismo que se tenía que rendir ante un juez y por consiguiente, no tenía la experiencia del caso, en cuanto al monto de honorarios que se pudiera cobrar ya que era un caso especial y se trataba de un perito tercero solicitado por dicho juez. Tenía que rendir mi peritaje y al mismo tiempo comentar cuánto serían de mis honorarios por el trabajo encomendado.

Apliqué los métodos que he descrito anteriormente pero aun así tuve duda y le pregunté a un buen amigo que ya había realizado trabajos similares. Me comentó el procedimiento, mismo que apliqué y el resultado fue satisfactorio para las partes involucradas pero también para mí fue una grata experiencia

EJERCICIOS DE ACCIÓN

1.- Comience con una lista de sus gastos fijos y variables de su Firma. Identifique cada uno de ellos para obtén un porcentaje de ambos y en cada presupuesto pueda considerar dicho porcentaje

2.- Haga un cuadro de niveles de responsabilidad que necesite en su Firma, denominado staff, como serían:

- Ayudantes sin experiencia
- Ayudantes con experiencia
- Supervisores
- Gerentes
- Socios

3.- Identifique el monto de honorarios que les pude brindar su Firma a cada nivel de responsabilidad, para hacer un tabulador que pueda brindarle una base sobre la cual calcular honorarios

4.- Haga una lista de los posibles servicios que pueda vender y su inversión en horas para que pueda cuantificar el precio de venta y lo pueda ofertar

5.- Consígase un equipo de mente maestra con quien pueda compartir comentarios sobre la cuantificación de sus honoraros. Haga reuniones periódicas por lo menos una vez al mes para el intercambio de ideas.

6.- Actualice sus habilidades de ventas. Salga a la calle y vea como le hacen otros competidores. Revise como está mercado de sus servicios y sobre todo pregunte el valor de alguna asesoría fiscal o similar de los que usted esté prestando.

7.- Analice a las mejores personas que puedan colaborar en su Firma. A parte de que le van a ayudar con la mejor calidad posible, ellos le pueden dar ideas de cómo hacer mejores servicios o cuáles son los que necesita su cliente.

CAPITULO XI

Identificar Y Conocer A Sus Clientes

"Confiar nuestro dinero al gobierno es como confiar nuestro canario a un gato hambriento."
Hans Senholz

Mi madre, como la gran mayoría de madres es una mujer sabia que Dios le ha brindado esa natural forma de manejar la educación de los hijos. De hecho, las madres son buenas consultoras de familia. Ella me dijo, que siempre nos fijáramos quienes eran nuestros amigos, puesto que esta situación podría ser la llave para tener éxito o no en la vida.

Y tenía razón es una clave para alcanzar las metas y objetivos que uno se propone. En materia de la Consultoría resulta necesario aplicar este adagio, sobre todo ahora porque hay clientes que no están muy involucrados con una cultura empresarial o están influidos con sólo hacer dinero sin tener ninguna base de valores o metas y objeticos empresariales y sociales.

Hace un tiempo me enfrenté a un cliente que por no conocer un poco de él estaba teniendo problemas con terceros, ya que este cliente tenía una historia de ciertos fraudes cometidos a sus clientes, pero también tenía invertido capital de personas de dudosa reputación.

Este cliente estaba subiendo como la espuma, su negocio era ejemplo de cómo crecer en tiempos difíciles, contaba ya con varias sucursales y tenía una plantilla de personal que incluía a gente con preparación académica importante; sin embargo, poco a poco se fue conociendo de su extraña forma de haber adquirido sus inversiones y la de sus socios. A la fecha, su empresa está cerrada, él está con problemas legales y su personal tuvo que emigrar a otras compañías.

¿Qué quiero decir con ello?, que un buen consultor debe analizar quiénes son o serán su clientes. Así como cuando solicitamos un crédito y la Empresa que nos lo va a otorgar nos hace una investigación para ver si somos sujetos de crédito o no, si tenemos la capacidad moral y económica para solventar dicho crédito y si además lo vamos a usar para los fines a que esté dirigido. Así debemos hacer con nuestros futuros clientes.

Lógicamente cambiando las preguntas, pero podemos investigar de nuestros clientes o futuros clientes lo siguiente, cuando menos:

a) Su solvencia moral
b) De dónde ha provenido su capital
c) Cómo es su preparación
d) Quiénes son sus socios
e) Tiene la intención de pagar buenos sueldos o cuando menos cubrir las prestaciones laborales de sus trabajadores
f) Tiene conciencia de pagar impuestos
g) A qué se va a dedicar
h) Cuenta con valores empresariales

Aquí está otra parte que debe conocer el consultor para identificar su mercado potencial y sobre todo cuidarlo ya que será su forma de vida en los años que le vienen debido a que ha escogido ser un consultor fiscal. Con cierto conocimiento y entendiendo cómo está el mercado, qué piden los clientes, de qué tamaño son los clientes que desean conseguir el apoyo de un experto en asuntos de carácter fiscal y sobre todo pensar en seguir apoyando ese mercado

Encontrar el tamaño adecuado de los clientes

El servicio de apoyo en asuntos de carácter fiscal es importante y necesario por los cambios y modificaciones a las diferentes leyes que se dan como consecuencia de la adecuación a los programas económicos y presupuestos federales. Dichos cambios y/o modificaciones a estas leyes afectan más a los pequeños y medianos contribuyentes derivado a que los grandes cuentan con una estructura organizacional importante, además del apoyo que se ofrece por Firmas de gran tamaño que observan estos fenómenos y atienden con prontitud a las necesidades de las empresas.

¿Entonces qué negocios necesitan de la consultoría fiscal? Los negocios pequeños son lo que hacen un gran movimiento económico en este y en otro países del orbe, por lo tanto en este segmento es donde hay la posibilidad de prestar y apoyar fiscalmente a los negocios, aun cuando también los negocios medianos requieren de soporte técnico y fiscal entre otros.

De acuerdo con datos mostrados en la página electrónica del Servicio de Administración Tributaria, en México al 31 de diciembre de 2009, habían cerca de 900,000 contribuyentes personas morales activas como empresas, de éstas, sólo alrededor de 100,000 hacen dictaminar sus estados financieros por un Contador Público Registrado para tales efectos. De estas cifras nos hace pensar que existen 800,000 empresas que no cuentan con el apoyo de un profesional de contaduría pública para dictaminar sus estados financieros para efectos fiscales, por lo que puede ser que de este número hay un segmento que no cuenta tampoco con el apoyo de un consultor en materia del cumplimiento de sus obligaciones fiscales por lo que considero que el consultor fiscal tiene un mercado potencial en el segmento de estas empresas.

Siguiendo con las estadísticas del Servicio de Administración Tributaria en México encontramos que también hay un mercado en el resto de contribuyentes registrados en el padrón ya que son cerca de 30 millones contribuyentes. Si descontamos 900,000 personas morales quedarían cerca de 29 millones de los cuales la mayoría son trabajadores (alrededor de 20 millones) en otras palabras, hay otro mercado de 9 millones de personas físicas con distintas actividades desde las empresariales hasta las profesionales y por arrendamiento por solo citar dichas cifras.

Quiero decir, con ello que, ante la posibilidad de que el consultor trabaje con sus servicios de consultoría fiscal, encontrará muy redituable este servicio pero habrá que ubicarse en qué tipo de contribuyentes seleccionar. A continuación menciono brevemente una clasificación para nuestro fin

a) **Contribuyentes menores**.- Este tipo de contribuyentes es el micro empresario que está buscando hacer un negocio o prestar un servicio en el que no tenga problemas de carácter fiscal; así que este nicho de oportunidad no tendrá problemas en principio porque las leyes fiscales son un tanto benignas con ellos ya que les reduce las obligaciones fiscales cobrándoles sólo una cuota fija bimestral que dependerá de la estimación de sus ingresos en forma anual. Sin embargo el consultor fiscal debe estar atento a este tipo de contribuyentes porque su crecimiento puede ser importante o cuando tiene una variedad de actividades hace que muestren otro tipo de ingresos con los cuales resulta indispensable un buen consejo financiero.

b) **Contribuyentes medianos con actividad empresarial**.- Este segmento de contribuyentes ya cumplen con otras obligaciones fiscales y pueden solicitar la ayuda de un profesional que les pueda organizar su cumplimiento y de vez en vez proporcionales soporte para su crecimiento. Cuentan con otras posibilidades dependiendo al mercado al que dirigen sus actividades.

c) **Contribuyentes mayores**.- Este clase de contribuyentes trabajan de manera más estructurada y por lo tanto requieren de un soporte con mayor capacidad en donde el consultor puede brindar la oferta de sus servicios y la posibilidad de crecer.

d) **Arrendadores**.- Es un tipo de contribuyentes que hacen un negocio estable a través de la obtención de sus ingresos por rentas de inmuebles pero que en varios casos necesitan soporte para crecer mejor y hacer más negocios.

e) **Inversionistas de sociedades mercantiles**.- Este clase de contribuyentes tienen la capacidad en varios casos de crecer invirtiendo en mayores negocios o haciendo que sus empresas crezcan de una mejor manera por lo que es necesario buscar y relacionarse con ellos ya que pueden hacer que un consultor fiscal apoye a ambas personas.

f) **Inversionistas sofisticados**.- Este rubro de contribuyentes son los que cuentan con un capital que quieren hacer crecer de manera segura, aun cuando algunas veces prueban ciertas inversiones de riesgo, pero generalmente prefieren ir de forma segura. El consultor fiscal necesita en este tipo de inversionistas, buscar una especialización en productos financieros para su recomendación y solución impositiva.

g) **Asalariados y otros**.- Aun cuando es un gran segmento de contribuyentes cautivos para el fisco, representa para el consultor fiscal un gran nicho de oportunidad porque varios de ellos necesitan presentar sus declaraciones anuales patrimoniales y necesitan que alguien les guie como planificar sus futuro desde el punto de vista financiero y fiscal.

Dependiendo del tamaño y de las necesidades de los contribuyentes siempre será necesario tener un consultor especializado a la mano, ya que como comentan grandes empresarios o millonarios, muchas veces prefieren pagar altos honorarios a contadores y abogados especialistas en materia tributaria que les ayuden a planificar su situación patrimonial, mientras que aquellos que no lo hacen pueden llegar a hacer erogaciones innecesarias

Qué negocios evitar

Por supuesto aun cuando la tarea del consultor es buscar y encontrar clientes lo antes posible, resulta indispensable saber que habrá clientes a los que habrá que evitar o de lo contrario en lugar de aumentar el prestigio del consultor, puede ser una disminución en éste, porque hay contribuyentes que buscan a un consultor para que les proponga evadir sus responsabilidades, fiscales, laborales y mercantiles.

En definitiva cuando uno se encuentra con clientes que sólo están concentrados en el importe de los impuestos que tienen que pagar o en las obligaciones a las que están sujetos y que finalmente no lo hacen, representa para el consultor un obstáculo serio porque en realidad no hay mucho que hacer con ellos, puesto que los razonamientos, el estudio y la búsqueda de alternativas legales no son valorables por ellos.

Hace dos años me enfrenté a un cliente que me dijo que no quería pagar impuestos, puesto que otros de su ramo o competidores no lo hacían, entonces, si él pagaba impuestos se vería como un ingenuo, pero que más ingenuo sería su Contador por hacerle pagar impuestos. Le comenté que para qué había creado un buen negocio, para qué estaba trabajando con sus productos y cuál era la razón de emprender un negocio; por supuesto me dio sus razonamientos y cuando le dije que los impuestos eran parte del negocio se quedó pensativo, no lo admitió y por supuesto ese cliente, no lo pude llevar debido a que no había nada que hacer por él.

En otra ocasión una buena emprendedora, que nos la habían referenciado para un trabajo de auditoría de estado financieros, me pidió que le revisara su declaración anual de impuestos, al hacerlo, me percaté que tenía posibilidades de reducir su carga fiscal si hacía unas cuentas e inversiones, para reducir y diferir su carga fiscal; no lo quiso hacer, era de aquellas personas contrarias al ejemplo anterior y me dijo que ella pagaría todo lo que saliera en su declaración y así lo hice.

Al siguiente año, a esa misma clienta, la Autoridad Fiscal Federal, le practicó una revisión a su declaración anual y la Autoridad le determinó una diferencia importante de su Impuesto Sobre la Renta, debido a que dicha Autoridad tuvo una opinión diferente respecto de ciertas deducciones de la Contribuyente, entonces mi clienta tuvo un disgusto muy importante con la acción de la Autoridad y a partir de ese momento me encargó que le revisara todas las posibilidades de disminución de su carga tributaria a fin de pagar lo justo dentro del marco legal, por supuesto me aumentó los honorarios diciendo que prefería pagarle a un profesional y no pagar en forma ingenua sus respectivos impuestos.

A continuación menciono una lista de negocios o "empresarios" que el consultor debe evitar tener en su lista de clientes:

a) Aquéllos que evitan cumplir con sus obligaciones fiscales
b) Aquéllos que hacen operaciones fraudulentas, amparándose en una figura legal.
c) Aquellos que consiguieron enriquecimiento ilícito
d) Aquellos que no desean pagar honorarios o escatiman el conocimiento y sabiduría de un buen consultor.
e) Las personas que de cualquier modo buscan delinquir
f) Los contribuyentes dejados a cumplir con sus obligaciones fiscales

Métodos para conservar clientes

Una vez que el consultor identifique aquellos empresarios y personas que no quiere tener en su cartera de clientes y sobre todo cuando empiece a crear una cartera de clientes que lo va a impulsar a ser un consultor reconocido y con prestigio, será necesario entonces que sepa mantener a sus clientes, puesto que éstos serán la semilla que hará florecer su cartera ya que ellos le recomendarán con otras personas, familiares o amigos, para que el consultor les ofrezca sus servicios y en general sus conocimientos para la prosperidad de sus negocios.

Es bien sabido que si tratamos bien a nuestros clientes, que los atendemos y resolvemos los problemas que nos plantean, entonces seremos buenos consejeros para ellos, buenos consultores y buenos amigos, ya que los amigos están en donde son requeridos y por tanto ahí estará el consultor, pero tenemos que aprender varios métodos que nos enseñen a conservar los clientes que ya tenemos o ya hicimos. Pero aquí tenemos algunas sugerencias que me han funcionado y que he aprendido de la experiencia de otros consultores:

a) Haga u organice reuniones periódicas con sus clientes.
b) Ofrezca algunos reportes financieros que sean de interés general
c) Sea prudente con sus comentarios
d) Organice e invite al personal de sus clientes a estar actualizado sobre todo en materia fiscal
e) Sea amable y esté dispuesto a ayudar al cliente y a su personal en las preguntas que le hacen y sobre todo resuelva sus dudas.

Reuniones periódicas con clientes.- Este método es muy eficaz, puesto que se crea un compromiso entre ambas partes y se le dedica tiempo para resolver o hacer comentarios siempre de manera positiva y sobre todo sobre los acontecimientos económicos, políticos y sociales que pudieran afectar en forma directa e indirecta a los clientes del consultor. Este método es muy apreciado por los clientes ya que les permite tener a alguien que ve sus negocios de manera independiente.

Frecuentemente voy a ver a varios de mis clientes y algunos aprecian mucho esta labor, ya que quieren platicar con el titular de la Firma, a veces las reuniones duran de una a dos horas pero llegan a ser muy productivas ya que hay un intercambio de ideas y sobre todo de optimismos en hacer mejor las cosas en pro de su empresa

Preparación de reportes financieros.- Este método es utilizado por muchas Firmas de diferentes tamaños debido a su gran aceptación y sobre todo es una forma de mantenerse en contacto con los clientes y cuando dichos reportes son de un contenido variado y con talento humano se vuelve indispensable dentro de la biblioteca de los usuarios del cliente. Su integración puede ser en forma sencilla pero bien presentable hasta uno más sofisticado que sea impreso en talleres o imprentas, dependiendo del presupuesto de cada Firma.

En la Firma que represento denominada Moore Stephens se hace un boletín bimestral en donde hay temas técnicos muy variados sobre la profesión de contaduría pública. Pero también al finalizar un ejercicio fiscal busco realizar una reunión en donde le llevamos a nuestros clientes, los resultados comparativos de los tres o cuatro últimos ejercicios con análisis de rentabilidad y métodos financieros para su toma de decisiones

Prudencia con los comentarios.- Se espera que el consultor al tener la oportunidad de hablar con sus clientes lo haga de manera personal y además una de las características del consultor al dirigirse con su clientes y con otras personas, debe ser prudente al hablar para evitar descalificar a otras personas y con ello además ganarse la confianza de los mismos como una persona mesurada pero también al mismo tiempo informada y sobre todo con muestras de tener criterio y facilidad en sus comentarios.

Generalmente el cliente aprecia cuando uno le habla bien de otras personas y sobre todo aun cuando no estén presentes, ya que con ello se le manda el mensaje de que sí así habla bien de aquellas personas que no está presentes, imagínate cuando éstas estén presentes.

Organización de cursos, seminarios y eventos técnicos.- Una de las características de nuestro sistema tributario es que continuamente está teniendo modificaciones, sobre todo con el objetivo de incrementar la recaudación fiscal; casi todas las reformas fiscales caminan en función de tal objetivo; por ello es indispensable que el contador, abogado o cualquier persona interesada en la materia tributaria necesita estar al tanto de dichas reformas.

Para ello el consultor puede preparar eventos en donde pueda desarrollar los temas que han sido modificados o reformados y entonces ofrecer su punto de vista con sus clientes y personal de éstos para mantenerlos debidamente actualizados. Este sistema es efectivo para ambas partes puesto que además de crear confianza en ellos se estimula la permanencia de los clientes con el consultor.

Atención de llamadas a consultas por los clientes.- Esta forma es una manera efectiva de conservar clientes debido a que cuando uno cuenta con un cliente le ofrece la libertad para hacerle a uno consultas sobre las dudas o temas de los cuales a veces el cliente necesita conocer para resolver alguna tarea o problema en especifico.

Algunas veces además de las preguntas técnicas del trabajo cotidiano de los funcionarios del cliente, la empresa puede tener algunos proyectos o ideas de expansión de la empresa, entonces se le pide al consultor la su opinión sobre dicha situación.

Por ejemplo, me he encontrado clientes a quienes les ofrecen por parte de otros asesores o compañías, algún servicio profesional para resolver o satisfacer algún proceso de sus operaciones como sería el caso de Logística, importaciones y exportaciones, nóminas, manejo de cartera vencida o factoraje financiero, sólo por citar algunos casos; muchas veces la empresa o los funcionarios que reciben este tipo de ofertas se encuentran con las dudas de los beneficios de este tipo de servicios o tal vez con la credibilidad de la Compañía o prestador del servicio, entonces es cuando recurren a su consultor y con ello también el consultor sabe mantener a sus clientes.

Métodos para incrementar la cartera de clientes

Una vez que el consultor tiene ya una cartera de clientes y sabe cómo conservarlos, aparece de forma natural, la inquietud y por ende obligación profesional de crecer. Puede que esté pensando en crecer en su misma localidad o bien abriendo mercado a otros lugares potenciales en donde pueda brindar sus servicios de consultoría con la misma efectividad como lo hace en su lugar de origen. Una de las formas de crecer es aumentando la cartera de clientes, pues ello le brindará aumentar su plantilla de colaboradores de Staff y administrativos, su experiencia y su imagen, su situación económica y por ende su éxito financiero y profesional. Hay diferentes maneras de incrementar la cartera de sus clientes, por tanto voy a comentar algunas de ellas.

1.- Elaborar una presentación de la Firma.- Ésta puede ser escrita por medio de un "Brochure" o por medio electrónico a través de un CD o un DVD o cualquier otro medio técnico que sea apropiado y de uso más frecuente. Dicha presentación la puede hacer en un evento que puede ser recomendable cuando su Firma celebre su aniversario de su fundación o bien en algún otro evento técnico que organice la Firma.

En dicho evento, podría el consultor invitar a todos sus clientes pero también a sus amigos y conocidos a compartir del crecimiento de su Firma y ahí explicarles quién es su Firma, qué hace, quiénes la integran y algo muy importante que vamos a ver más adelante con un poco más de detalle, quiénes son sus clientes, mismos que servirán de referencia con las atenciones a éstos por parte del consultor para evitar la posible incomodidad de alguno de ellos.

La realización de este material se requiere que se haga con todo cuidado y esmero, así también buscando el respeto a los aspectos éticos, morales y buenas costumbre sociales, debido a que va a estar observado no sólo por clientes del consultor sino también por diferentes usuarios como son otros colegas, funcionarios públicos y por los propios competidores del consultor.

2.- Patrocinar eventos técnicos o sociales.- La realización de estas actividades representan para el consultor un medio muy interesante, puesto que a veces hay varias organizaciones profesionales como Colegios de Contadores, Abogados, u otros profesionistas y algunas Universidades públicas o privadas que llevan a cabo eventos técnicos que por su propia naturaleza requieren de recurso técnicos humanos, pero también de recursos financieros.

A la Entidad organizadora de este tipo de eventos le interesa que a dicho evento acudan las grandes organizaciones, los funcionarios públicos de los diferentes niveles de gobierno, los funcionarios de las empresas y sobre todo el público en general que le interesa este tipo de eventos. Los eventos que más atraen público interesado son los que se relacionan con lo siguiente:

-   Convenciones anuales de profesionistas u organizaciones profesionales
-   Simposiums Internacionales o Nacionales
-   Reuniones técnicas de Universidades Públicas o Privadas
-   Convenciones Internacionales de Firmas Profesionales
-   Congresos Internacionales.
-   Maratones de Conocimientos Técnicos Universitarios

En este tipo de eventos hay una oportunidad para las Firmas de consultores que desean participar en cualquier modalidad, ya sea con recursos humanos o bien con los financieros y por ende puede ser un buen escaparate para promocionarse así mismos y conseguir más clientes.

3.- Abrir oficinas o franquicias en otros lugares.- Hoy en día y sobre todo aprovechando las grandes ventajas tecnológicas, para el consultor puede ser una gran ventana de sus servicios profesionales si abre oficinas en otros lugares diferentes al de su residencia, lo cual lo puede hacer él mismo o bien solicitando el apoyo de otros profesionistas que bien pueden colaborar como socios, como corresponsales o bien a través de franquicias de sus servicios.

Un consultor que se pueda promocionarse así mismo, como ya fue comentado en los puntos anteriores puede aumentar sus clientes y sus servicios a través de este método de abrir oficinas o franquicias y lógicamente su crecimiento será más rápido y también la de aquellas personas que puedan relacionarse con él a través de los métodos ya comentados. Hoy en día ahorrar tiempo en el crecimiento es vital y esta forma representa una gran ventaja para ambas partes: el consultor fiscal y quien decide asociarse con él.

EJERCICIOS DE ACCIÓN

1.- Analice cuál es su mercado. Cuántas Firmas de Consultoría hay en su localidad. Si existen grande s Firmas.

2.- Identifique de acuerdo al tamaño de su Firma y el desarrollo de la misma, cuáles serían sus clientes, el tamaño ideal, la distancia y tal vez los giros de sus clientes.

3.- Comete con alguno de sus colegas cómo les va con sus clientes. Promueva una reunión mensual con ellos y comente cómo anda el mercado para recibir intercambio de información e identifique aquellos clientes a los que evite venderle sus servicios

4.- Haga una lista de sus clientes o de aquellos qu alguna vez lo fueron con la finalidad de ver la forma de conseguir a los que ya no está y de mantener a los que están en su lista.

5.- Promueva cuando menos una visita social, generalmente al cierre del ejercicio fiscal en diciembre que es cuando algún cliente incluso desea algunos servicios de apoyo y si lo ven, podría conseguir los mismos.

6.- En su visita comente con el dueño o el socio de algunas ventajas que ofrece en el cierre del ejercicio con la finalidad de que busquen apoyo por parte de su Firma

7.- Las necesidades fiscales hacen que los dueños busquen nuevas oportunidades de negocios, coménteles aquellas modificaciones legales y económicas que pronto estarán de moda o vigentes y dígales cómo les afectarán.

CAPITULO XII

Crear Un Equipo Multidisciplinario De Apoyo De Servicios De Consultoría

"La redistribución no es de ricos a pobres sino de grupos desorganizados a grupos organizados."
Carlos Rodríguez Braun

En la escuela básica aprendí lo que es trabajar en equipo, ya que desde el salón de clases empezábamos a tener afinidad por las personas, conocimiento de ellas a través de su carácter y sobre todo que de un equipo siempre debía de haber un líder, ya sea para preparar tareas o trabajos de investigación o bien para jugar al futbol, cosa que ya no se nos complicaba debido a que nos conocíamos muy bien y entonces lográbamos los triunfos.

Habían compañeros que se querían integrar con nosotros pero siempre le preguntábamos a nuestro líder si lo aceptábamos o no y lo que él dijera, era ley.

Un poco más adelante, en la preparatoria resultó que el equipo que formamos se integro en un gran equipo de futbol y posteriormente a una selección de toda la preparatoria en la que mis compañeros y yo logramos grandes triunfos.

En los servicios profesionales se requiere de hacer grandes equipos, pero muchas veces el profesionista esto no lo observa y además es un poco celoso de su profesión, sin darse cuenta que con ello pierde avance en su profesión.

En los servicios de consultoría fiscal muchas veces se requieren de otros profesionistas con perfiles diferentes pero con objetivos similares y es por ello que el consultor fiscal necesita de la colaboración de esas otras disciplinas como por ejemplo, si el consultor fiscal es un Contador Público, requerirá del apoyo de un abogado para ciertos asuntos sobre todo del proceso legal y viceversa si el consultor fiscal es un Abogado, requerirá a un Contador Público para que éste le ayude en la determinación de créditos fiscales o en la determinación y preparación de impuestos.

También es recomendable hacerse ayudar por otras profesiones que pueden coadyuvar a aportar a resolver problemas planteados por los clientes del consultor como pueden ser los Administradores de Empresas, Economistas e Ingenieros en Sistemas

Perfil del equipo.

El consultor fiscal debe saber identificar cuál servicio profesional está prestando y como resultado de ello qué tipo de profesionista se requiere para satisfacer la entrega de los resultados de sus servicios.

El consultor fiscal en principio debe trabajar con la aportación de un Abogado versado en asuntos de índole fiscal, sobre todo para ayudarle a interpretar diversas disposiciones legales que a veces salen del dominio del Contador Público o de otro profesionista que esté como consultor. Sin embargo a veces se requiere de la opinión profesional de otro experto como podría ser el propio Abogado pero con experiencia en materia laboral debido a que tal vez el problema planteado por un cliente del consultor podría ser sobre el personal de su empresa y así sucesivamente, dependiendo de la identificación del problema y la, o las posibles soluciones.

Porqué debo trabajar con otros consultores

Hablar de la consultoría fiscal es un campo abierto a diferentes temas, por lo que resultará muy indispensable para el consultor fiscal estar preparado para resolver los problemas que sus clientes le planteen y sobre todo a ofrecer las soluciones que más se adapten a dichos clientes.

Para ello, a continuación menciono algunos problemas y el tipo de servicio que se requerirá o el perfil del profesionista que podría atenderlo, en su caso:

1.- **Determinación y preparación de impuestos para el cierre de un ejercicio fiscal.**- Esta actividad la podría resolver un Contador Público con experiencia en Contribuciones.

2.- **Visita Domiciliaria por parte de una Autoridad Fiscal hacia un contribuyente.**- Este hecho, sobre todo si se requiere del apoyo de un profesionista desde el mismo momento que la Autoridad ha entregado su respectivo oficio o notificación del acto administrativo, sería atendido por un abogado de la especialidad en fiscal o bien por un Contador Público también versado en este asunto.

3.- **Indemnización a un trabajador por causa imputable a él.**- Este tipo de asunto seguramente requerirá del apoyo de un abogado con la especialización en Derecho Laboral y la de un Contador Público para que calcule su importe de la indemnización así como el Impuesto Sobre la Renta que deba retenérsele

4.- **Apoyo a trabajadores por parte del patrón en cuestiones de previsión social.**- Dentro de este servicio, es posible se requiera de la participación de dos a tres tipos de profesionistas que conozcan la materia de este asunto. Por ejemplo: un administrador de Empresas con experiencia en relaciones industriales o de personal, así como en la determinación de cuotas obrero patronales; a un Abogado que conozca del alcance laboral de las prestaciones de previsión social y finalmente un Contador que conozca y determine contribuciones inherentes al rubro de personal.

5.- **Determinación de un crédito fiscal con vicios del procedimiento por parte de una Autoridad Fiscal.**- En este tema resulta necesaria la colaboración de un abogado o abogada, experto o experta en el campo del litigio o del uso de los derechos de los contribuyentes para saber cuáles opciones tiene el contribuyente, el tiempo estimado para su proceso y las ventajas de hacer uso de los medios de defensa

Como podemos apreciar en tal sólo 5 ejemplos de asuntos que puede solicitarle un cliente al consultor fiscal, vemos la necesidad de verse apoyado por otras profesiones pero con el perfil destinado a la materia impositiva

Liderar a un equipo multidisciplinario

Cuando un buen consultor ha diferenciado el tener que prestar él sólo cualquier servicio profesional que le pida su cliente, a saber reunir un equipo de trabajo con diferentes perfiles en su preparación profesional y dentro de dicho equipo seleccionar cuál es el profesionista idóneo para llevara a cabo dicho servicio, se convierte en una virtud pero también le resulta al consultor un buen resultado debido a que va a mejorar la calidad del servicio que está prestando y como consecuencia de ello un cliente estará más satisfecho con el servicio.

Sin embargo el consultor cuando está trabajando con un equipo multidisciplinario debe asumir el liderazgo para que el servicio que se esté prestando sea con la magnitud, características y desempeño de calidad equivalente a la que dicho consultor lo viene haciendo en forma personal.

Es bien sabido que cada perfil del profesional que está compartiendo sus ideas, su conocimiento, su talento y su experiencia, desea por sobre todas las cosas poder influir dentro de las decisiones del grupo y tal vez quiera imponer sus propios razonamientos.

He visto equipos de profesionistas trabajar arduamente en la búsqueda de soluciones para compartir los servicios que está prestando el consultor, pero también he visto como se han desmoronado dichos equipo de trabajo y a veces hasta han terminado con sus relaciones de amistad de muchos años, situación difícil para ambas partes debido a que no fue en realidad culpa de nadie, pero sí lo fue, la falta de liderazgo por parte del consultor, ya que éste debe estar atento siempre a organizar y armonizar todas las actividades de cada elemento que participa en la prestación de un servicio.

Sé de un amigo que trabajó a su vez con otros amigos en común, alguno de ellos con perfil de abogado, en un proyecto interesante sobre la práctica fiscal que trajo como consecuencia un crecimiento en la imagen de ellos y sobre todo que desarrollaron un sistema estructurado de sus presentaciones profesionales, académicamente con mucho talento, que pudieron haber registrado con una patente o capital intelectual y poder percibir en su momento mayores ingresos; sin embargo llegó el momento de hartazgo y un poco de desaliento o tal vez un cambio del motor de motivación que los unía; resultado se separó el grupo con ciertos malos entendidos afectando la amistad que los unió en su inicio

Ahora bien, hablar de liderazgo en grupos de profesionistas con diferentes perfiles es muy difícil, se requiere de mucho carácter para salir adelante, de mucha confianza y a veces de mucho sacrificio por parte del líder. Pero hay un aspecto que yo he visto y me ha dado resultado al aplicarlo, el líder debe abandonar en cierto momentos su pretensiones personales y debe fijar las del grupo; en otro aspecto hay asuntos que podrían estar clasificados dentro de valores humanos como lo sería el de la humildad. John C. Maxwell, en su libro, LIDER DE 360°[19], comenta lo siguiente:

> "...las personas pueden sentir cuál es nuestra apreciación de ellas. Ellos saben la diferencia entre los líderes que los están utilizando para su propio beneficio y aquellos que desean ayudarles a triunfar. Las personas se abren con las personas abiertas. Logran conocer el corazón de las personas que se preocupan por ellos y les responden afirmativamente. Yo lo veo de esta manera: los líderes que dan un paso más por su gente, tienen seguidores que harán lo mismo. Si uno se esfuerza al preocuparse por los demás y ayudarles, ellos harán lo mismo cuando usted se los pida"...

Si un líder tiene la humildad de servicio, es muy probable que su grupo de trabajo perdure para muchos años, entre otros puntos

Cuidando aspectos relevantes de ética con el equipo

Una vez que el consultor sabe manejar grupos de trabajo multidisciplinarios tendrá que cuidar los asuntos relacionados con la ética de sus servicios, la de los integrantes del grupo y en su caso, la de aquellas personas que colaboran con ellos, ya que en cualquier momento se pueden presentar asuntos que en forma directa o indirecta afecten a cada integrante, como podrían ser los siguientes:

a) Petición del cliente del consultor a un integrante del grupo
b) Propuesta de la Empresa a participar en otras actividades de la misma, como podrían ser miembros del consejo de administración, de gobierno corporativo, comisariatos, etc.etc.

---

[19]   Maxwell, John C. Líder de 360° Líder Latino USA, Ed.,2005, pág.73

c) Posibilidad de invertir o adquirir bienes de la empresa.
d) Influir en las decisiones administrativas de la empresa

Por citar sólo algunas actividades que pueden ocurrir durante la prestación de un servicio profesional de consultoría

EJERCICIOS DE ACCIÓN

1.- Haga una lista de aquellos profesionales que pueda invitar a sus reuniones o con los que pueda trabajar de manera ética y comprometida con la consultoría fiscal. Pídales su apoyo para intercambiar puntos de vista.

2.- Haga una alianza o convenio de servicios profesionales con alguno de ellos, de preferencia alguno de su profesión o especialización, consígase un perfil de abogado especialista en el área fiscal ya que él podría aporta varios puntos favorables al grupo.

3.- Conviértase en líder de dicho grupo estudiando más, haciendo más y trabajando más para que pueda provocar debate entre ellos y lo vean como un auténtico líder y sea su equipo de mente maestra.

4.- Inscríbase a un curso de liderazgo y tome acciones concretas con el grupo de mente maestra para que puedan intercambiar opiniones sobre la materia fiscal.

5.- Acepten compartir algún curso de Reformas Fiscales o modificaciones económicas para ser impartido en alguna Asociación profesional o público en general.

6.- Piense continuamente en términos de beneficios profesionales, imagen y posición económica de cada uno de sus integrantes de su equipo de mente maestra.

7.- Establezca como puntos de su reunión valores de puntualidad, respeto, compromiso, lealtad y honestidad para que pueda permear en todos los trabajos que desarrollen como consultores

CAPITULO XIII

Consiguiendo Referencias

"Nunca guardes todo tu dinero en el país donde vives,
porque puede pasar algo. Y generalmente, pasa."
Adam Smith

E n mi primer trabajo como profesionista, mi jefe inmediato me dio este consejo: siempre haz bien las cosas para que tus referencias crezcan, por más que tú creas que nadie se fija en ti, cuando fallas, saben que tú fuiste el que hiciste mal las cosas.

Cuando inicié mi práctica profesional en forma independiente, comencé a contratar colaboradores de diferentes universidades y grados escolares; cuando éstos tenían problemas o bien querían cambiarse de trabajo, varios de ellos se salían casi sin avisar o bien, me avisaban pero en el preciso instante en que ya se iban, por supuesto en los casos que me avisaron, siempre me recuerdo haberles dado este consejo: cuiden de su trabajo y de sus referencias, terminen con lo que empezaron o bien, dejen las cosas en orden antes de marcharse para que siempre cuenten con referencias y me acordaba de ellas cuando, alguien hablaba para pedir por ellas sobre la persona que quería una oportunidad de trabajo.

Me recordaban sobre su conducta y ética de trabajo, así como de sus responsabilidades. Simplemente decía que aquella persona no había demostrado tenerlas y por consiguiente no había nada que referir

Para el consultor, como para cualquier otro profesionista, incluso las empresas, las referencias son de vital importancia para mantener un crecimiento sostenido de la actividad profesional de consultoría incluso las personas que se quieran contratar buscan referencias de sí mismas o bien las personas que contratan a otras piden referencias de ellas.

Esta es una práctica sana la de hablar con personas que conozcan a quienes desean obtener un puesto de trabajo o una posición en alguna Entidad.

Los escritores utilizan esta forma para incrementar la confianza en sus futuros lectores, puesto que si observan los comentarios de personas que cuentan con un puesto clave o bien son personas que pueden influir en el medio social o del tema del que hablará el escritor, entonces será una buena forma la de obtener referencias.

La importancia del testimonio de un cliente satisfecho

Para un profesionista que está desarrollando su experiencia, su práctica profesional y sobre todo está sirviendo a la sociedad, en general está labrando un futuro de éxito. Es bien sabido que un cliente, un paciente o cualquier persona que sea atendida por un profesionista, llámesele de cualquier forma pero que ha sido bien tratado con esmero y atención humana, esa persona quedará gratamente satisfecha y no dudará en cualquier momento en recomendar al profesionistas que le atendió.

En diferentes ocasiones la forma de recomendar a un profesionista o prestador de un servicio profesional varía dependiendo del tipo de servicio que se presta. Por ejemplo tengo un buen amigo de nombre Miguel quien es médico especialista en infectología pediátrica y su consultorio lo tiene decorado prácticamente con fotografías de los niños que ha atendido; obviamente, las madres de esos niños atendidos que han quedado satisfechas con la atención de mi amigo y sobre todo con devolverles la salud, le entregan una fotografía a mi amigo y él gustoso la agrega en su pared donde reúne todas las fotografías de pequeños clientes satisfechos, en otras palabras son su testimonio de clientes satisfechos.

Conozco a otro buen amigo de profesión contador público y de nombre Michell, quien paulatinamente fue preparando su despacho con otros profesionistas talentosos y bien preparados. Este amigo me ha permito darle capacitación a él y a sus colaboradores en forma permanente, sobre todo cuando hay temas de interés en la práctica fiscal. En un área de su oficina tiene los reconocimientos por su participación, pero con agrado veo que entre ellos, están varios de los que mi Firma aparece como capacitadora; eso es una buena fuente de una referencia o testimonio de un cliente satisfecho, como tal.

Por estas razones y ejemplos, recomiendo ampliamente que el consultor se percate siempre de obtener un testimonio de su cliente al que ha atendido con esmero y cariño, mismo que puede ser de diferentes maneras, como ya comenté, desde una fotografía, una constancia de haber participado hasta la posible entrega de una carta en la que conste la satisfacción de un cliente bien atendido y que por lo tanto no tendrá problema alguno en ofrecer su testimonio.

La recomendación de un cliente

La recomendación de un cliente siempre será una autosatisfacción para el consultor o el prestador del servicio profesional. Esto sucede cuando una persona nos llama pidiéndonos un servicio y que por supuesto hace referencia a una recomendación de alguien que nos conoce porque son nuestros clientes.

Generalmente se hace por teléfono o bien de manera informal; este tipo de recomendaciones son importante que las valore el consultor y devuelva un agradecimiento al emisor de la recomendación. Cuando esto sucede el consultor, el profesionistas que presta un servicio, observa que su camino va rumbo al éxito, pero no se podrá descuidar porque aparte de la competencia que es fuerte, puede que los clientes que le recomiendan no sepan nada del resultado de su recomendación y pueden olvidarle.

Por lo que el consultor debe de llevar un registro adecuado de sus clientes en donde pueda manejar la información más detallada de ellos y de vez en cuando llamarles para felicitarles por algún acontecimiento como por ejemplo su cumpleaños. Esto lo va a agradecer un cliente y siempre va a tener presente al consultor por este pequeño detalle

El agradecimiento a una referencia de un cliente

Por lo comentado antes, es recomendable que el consultor mande una muestra de agradecimiento cuando sepa que un cliente lo referenció. Esta muestra puede ser desde una llamada telefónica, una visita a las oficinas de su cliente que lo referenció, hasta un pequeño presente que sea del agrado de dicho cliente.

a) **Llamada telefónica.**- El sólo hecho de levantar la bocina y hablarle a un cliente que nos habrá referenciado a otra persona, podemos ganar mucho, ya que el cliente que lo hizo se sentirá agradecido y podría volver a repetir el proceso, mientras que el silencio haría que el cliente nos llegue a olvidar, pudiendo recomendarnos varias veces.

b) **Visita a las oficinas del cliente.**- Esta forma tiene un rasgo más peculiar de atención personalizada, de tal suerte que este sencillo hecho provocará más referencias, puesto que una persona nunca va a olvidar dicha atención.

c) **Entrega de un presente a nuestro cliente.**- Este método tendrá el mismo efecto que el del anterior, sin embargo se distingue de que el cliente puede sentirse halagado por recibir un presente que nunca buscó. En esta forma, sugiero, buscar o investigar los gustos del receptor de nuestro regalo, ya que de no ser así, se podría incurrir en algún error de percepción, pero sobre todo, en la posibilidad de demeritar la recomendación; no estoy diciendo que sea un regalo muy caro, pero sí con la prudencia necesaria, para no escatimar en dicha recomendación.

Cuando no se pueda hacer alguna de las sugerencias antes señaladas, recomiendo que el consultor prepare una carta de agradecimiento por la recomendación, de preferencia que él mismo la haga y de no ser así, deberá ser bien revisada por éste para no incurrir en un mensaje equivocado o en una pobreza de lenguaje tal, que más valdría no haberla hecho y utilizar mejor el teléfono.

EJERCICIOS DE ACCIÓN

1.- Analice varias oportunidades que haya tenido en el desempeño de sus servicios y comience a hacer una breve historia de su Firma, documente cada una de las actividades o consiga evidencias de las mismas, por ejemplo: un cheque, una fotografía o una carta de recomendación.

2.- Consiga tres recomendaciones de sus clientes a los que ya les haya prestado sus servicios y de preferencia póngalas en algún lugar visible o cuando ofrezca sus servicios a otros clientes coménteles de dichas recomendaciones.

3.- Consiga dos testimonios de clientes a los que ya les haya prestado sus servicios e inclúyalos dentro de su imagen de servicios.

4.- En cada participación que tenga, ya sea una conferencia, curso o taller, consiga además de su constancia de participación, el testimonio de sus clientes ya sea con una fotografía o con algún video.

5.- Enmarque las constancias de participación que consiga y póngalas en algún lugar visible por sus clientes o colaboradores.

6.- Sea agradecido con todas aquellas personas que colaboran en la venta de sus servicios distinguiéndolas con un reconocimiento personal o público.

7.- Aun cuando sus clientes requieren de servicios de un consultor, agradézcales por pensar en usted enviándole una carta de agradecimiento por escrito.

CAPITULO XIV

Cómo Cerrar Presentaciones
Y Conseguir El Servicio

"No es insolidario quien refugia una parte de su riqueza fuera de su país, sino quienes pretenden que trabaje durante un cuarto, un tercio o la mitad del año para pagar unos impuestos abusivos y confiscatorios."
Juan Pina

Recuerdo la primera vez que entré a trabajar a un grupo de empresas inmobiliarias, el director de ellas había conseguido un préstamo en dólares americanos y al poco tiempo desafortunadamente para este grupo de empresas, hubo una devaluación de nuestra moneda de forma tan impresionante que se iniciaba una de las eras más desafortunadas para nuestro país, porque significó el retroceso de varias ramas de la industria, del comercio y de la agricultura que se ponían en crisis, al punto de cerrar sus puertas.

El director se reunió con su equipo asesor y concluyeron que las empresas debían de continuar, para ello era necesario que se realizaran ventas y recuperación de cobranza en un tiempo record y así poder cubrir la deuda que se había conseguido y que por la devaluación automáticamente se debía el doble de lo solicitado. Nos enseñaron a hacer presentaciones, nos motivaron para hacerlas, nos hicieron ver que éramos parte del equipo de trabajo y que sin la colaboración de nosotros la empresa no podría salir adelante.

Contábamos con 6 semanas para reunir una cantidad importante de recursos financieros y cubrir una buena parte de la deuda, se otorgaron premios a los que alcanzaran la meta. Así de esa forma todos salimos a la calle a visitar clientes, tanto personal de ventas, de cobranza como de administración, aprendimos a hacer presentaciones de los productos que la inmobiliaria ofrecía, así como de la oportunidad que ésta presentaba para sus clientes que se adelantaran en pagar los adeudos que tenían con beneficios importantes.

La empresa salió adelante, se deshizo de algunos recursos materiales y financieros, pero continuó su marcha y sobre todo que unos años más tarde, comenzaba a crecer nuevamente. La empresa estaba de regreso y creciendo.

Para ganar adeptos hay que salir a buscarlos. Para ganar clientes hay que salir a vender; esta actividad, la de ventas la deben llevar a cabo todas las personas que quieran crecer tanto profesionalmente como en su vida empresarial, de hecho todos hacemos la labor de ventas.

Conocer acerca de nosotros y conocer nuestros servicios o bien nuestros productos que elaboramos, es una actividad obligada para cualquier persona. Pueden ser muy buenos nuestros servicios o nuestros productos pero si la gente no los conoce, se pueden perder de un gran servicio o un gran producto y el que presta los servicios o produce productos no podrá satisfacer el mercado para el cual los generó

Dejando la zona de confort

Para promover nuestros servicios tenemos que dejar nuestra zona de confort y salir a la calle en busca de alguien para presentarle nuestros servicios, de lo contrario, nosotros seremos los únicos que sabremos de nuestra capacidad y conocimiento.

En su libro "Vender en tiempo difíciles"[20], Tom Hopkins nos dice lo siguiente:

> "…en los bajones económicos o industriales, el trabajo del vendedor es más vital que nunca. En tiempos difíciles, algunos consumidores no comprarán más que lo absolutamente necesario. Es tarea del vendedor ayudarles a reconocer su necesidad y su capacidad para permitirse otras cosas.

---

[20]	Hopkins, Tom, "Vender en tiempos difíciles" Ed. Business Plus, USA, 2010, pág.17

Hay escasez de compradores por impulso, y suelen ser un chollo para las empresas. Y es posible que los grandes clientes que son su fundamento estén reduciendo sus pedidos o espaciándolos. Una vez más, es tarea del equipo de ventas continuar satisfaciendo las necesidades de estos grandes clientes y ayudarlos a superar los tiempos difíciles, así cuando las cosas vuelvan a su cauce, seguirán siéndonos fieles, a nosotros, a nuestra marca y a nuestra empresa"...

Con mucho mayor razón el consultor debe dejar su zona de confort y hacer llamadas a sus clientes, a sus antiguos clientes y a amigos que aun cuando no sean clientes, les permitan conocer de sus servicios o inclusive cuando actualmente ya no le esté prestando sus servicios, pero como ya lo conocían, tal vez haya alguno que necesite de algún servicio que el consultor pueda ofrecer.

Otra forma de dejar la zona de confort es salir y hacer visitas a amigos y conocidos para actualizarles de los últimos servicios que hemos desarrollado, o bien, previa llamada a un cliente hacerle alguna visita y ofrecerle un servicio que el consultor pueda investigar podría ayudar en estos tiempos difíciles; por ejemplo:

a) Promover incrementar las ventas de su organización
b) Capacitar al personal en alguna área de oportunidad
c) Proponer la reducción de algunos costos que le podrían dar la ventaja competitiva a sus clientes, como podrían ser:
    a. Ahorrando luz, teléfono, agua, separación de basura, combustibles, consumibles.
    b. Administrando mejor sus pedidos
    c. Organizando mejor la labor de los empleados

Promover incrementar las ventas de su organización.- El consultor fiscal, sabe que si no hay ingresos o ventas en una empresa, ésta no genera el suficiente flujo de efectivo para seguir operando y crecer, luego entonces el consultor que también es una persona avezada en ventas podría generar un curso sobre " Cómo vender en tiempos de crisis", si él no se siente con la capacidad de llevarlo a cabo, puede buscar a una persona que sí lo esté, pero el servicio lo debe de ofrecer e impartir por cuenta de su Firma para que su cliente sienta la presencia del consultor y sobre todo la ayuda que en estos tiempos así se requiere. No hay empresa a la que se le ofrezcan formas o métodos de incrementar sus ventas, que rechace dichos ofrecimientos, debido a que éstas son el motor de la economía, por lo que siempre será recomendable partir de este hecho.

Bryan Tracy, en su libro "El arte de cerrar la venta"[21], nos propone la idea de convertirnos en una poderosa personalidad de ventas, comentando lo siguiente:

> "...CONVERTIRSE EN UN EXCELENTE CERRADOR DE VENTAS ES UNA tarea interior. Comienza dentro de usted. En el campo de las ventas, su personalidad es más importante que el conocimiento que tenga de su producto. Es incluso más relevante que su habilidad para vender. Más aun que el producto o servicio que está vendiendo. En efecto su personalidad determina el ochenta por ciento de su éxito como vendedor.
>
> Esto es fácilmente demostrable por el hecho de que existen vendedores que pueden lograr altos volúmenes de ventas, incluso con un producto costoso y altamente competitivo, en un mercado deprimido.
>
> Al mismo tiempo, hay personas con productos exclusivos en mercados en auge que vende poco"...

En efecto, un consultor fiscal debe capacitarse en ventas porque es una labor que tiene que hacer para aumentar su cartera de clientes y su reputación, pero también le puede servir para ampliar su recomendación a sus clientes que se sentirán agradecidos por ello. A continuación hago un resumen de breves técnicas de ventas que pudiera utilizar el consultor para promocionarse así mismo, sus servicios y a su vez para ayudar a sus clientes a mantenerse o bien a incrementar sus participación en un mercado agobiante o difícil. Una vez que ha conseguido una cita de negocios, porque su cliente estará gustoso de platicar con usted y toda vez que ya ha expuesto sus servicios, su objetivo y los detalles para ello, podrá utilizar las siguientes técnicas:

---

[21]   Tracy, Bryan, "El arte de cerrar la venta", Ed. Grupo Nelson, USA 2007, pág.1

1.- **Formulación de la pregunta**.- Cuando ya haya expuesto el servicio que desea que el cliente compre, puede asegurarse con una pregunta: " ¿Le parece bien lo que hemos comentado hasta ahora, o tiene alguna pregunta? …", si la respuesta es sí, entonces tiene que hacer la siguiente pregunta: ¿ Para cuándo quiere que empecemos?. Con ello, deje que su cliente hable, no lo interrumpa, puesto que él o ella le va a contestar en sentido afirmativo, dándole una fecha y con ello se deduce que ha aceptado la compra.

2.- **Reformulación de preguntas**.- a veces cada cliente tiene diferentes opiniones y generalmente está buscando "defenderse" de una compra impulsiva, pero usted le reformulará varias preguntas para que él se sienta cómodo con su próxima decisión, la de comprar un servicio; entonces usted le pude decir, por ejemplo:

"Sr. Prospecto, ¿Le gustaría incrementar sus utilidades, sus ventas, sus rendimientos?, ¿Estaría interesado en reducir sus costos? ¿Le gustaría que sus empleados rindieran más?, Le agradaría establecer un sistema de ahorros y beneficios futuros? ¿Le gustaría que su empresa aportara algo al medio ambiente y en su caso sea una entidad sustentable?¿Quiere empezar ya!?"

Con estas reformulaciones de preguntas seguramente su futuro cliente va a contestar en forma positiva de tal suerte que la venta estará hecha

3.- **Describa los beneficios**.- Cuando comenzamos a describir los beneficios a nuestros clientes aumenta nuestra energía y entusiasmo, por consiguiente le transmitiremos en forma positiva dicha energía y entusiasmo a nuestro futuro cliente de tal forma que él o ella considera en ese momento que está luchando por alcanzar mayores beneficios para su empresa, de tal suerte que la venta se realiza en ese momento.

No olvidar que estas técnicas entre otras más se deben sentir, vivir en forma apasionada y transmitir su mensaje de manera positiva a sus prospectos para crear una atmosfera de optimismo.

Capacitar al personal en alguna área de oportunidad.- Con frecuencia el consultor conoce al detalle cuáles son las fortalezas y las debilidades de sus clientes. En algunas ocasiones y sobre todo en estas épocas puede hacer uso de dichos conocimientos sobre las debilidades de su clientes y ayudarle en las mismas, por ejemplo en capacitar a su personal para realizar otras tareas o fortalecer aquellas que ya conoce, como por ejemplo, el área de ventas, de compras, de producción, de almacenaje, de logística, de finanzas, etc., etc.

Proponer la reducción de algunos costos.- Dentro de esta propuesta se encuentran innumerables casos de conceptos sobre los cuales se puede fomentar el ahorro, proponiendo soluciones o cambiando de hábitos, tal es el aspecto de energía eléctrica. Este gasto generalmente es uno de los rubros que crecen con el tiempo debido a que la Compañía encargada de proporcionar este servicio, seguido está haciendo aumentos y como este y otros servicios llevan implícitos algunos impuestos como el Impuesto al Valor Agregado y en algunos casos, el Derecho de Alumbrado Público. Cómo ahorrar en este rubro?, bueno el consultor puede proponer una revisión generalizada del los tiempos en que no se usan los equipo que consumen energía eléctrica, pero también haciendo recomendaciones sobre la manera de evitar prender la iluminación si se puede aprovechar la de forma natural es decir, la del sol.

Otro gasto en el que puede haber un ahorro considerable, es el teléfono, muchas llamadas se pueden evitar si se hace una agenda previa; varias llamadas son personales de ciertos funcionarios y colaboradores de la compañía sobre todo cuando hablan a números celulares, se incrementa este servicio; haciendo una recomendación y poniendo controles de uso de llamadas se puede ahorrar un monto considerable.

Finalmente hay otros gastos que hacen las empresas y sobre las cuales puede haber ahorros importantes, como el caso de la papelería y consumibles; en este rubro se puede hacer uso en mayor medida de los medios electrónicos y dejar de imprimir papel. A su vez agua, si se toman medidas para reciclar o bien sistemas de ahorro que permitan que al lavarse las manos dicha agua sea utilizada en los sanitarios.

Como puede analizar, apreciable lector a parte de ahorrar en varias partidas de gastos, el consultor puede generar una nueva cultura, la de ahorro y la reducción de elementos contaminantes y ayudando a la ecología, lo que puede provocar un efecto dual

Promoviendo la creación de nuevos negocios

Ante los cambios y en una economía tan competitiva, a veces nuestros clientes se siente abrumados porque los costos suben y las utilidades cada vez son más bajas, entonces es cuando pueden aparecer otras oportunidades para que nuestros clientes sigan en los negocios.

Puede ser que la actividad original de la empresa ya no se la misma o tal vez se modifique, puede ser que cambie o refuerce su misión y visión empresarial, en cualquier caso debe de reformulárselas preguntas necesarias, pero lo cierto es que a veces pueden aparecer otro tipo de oportunidades. Por ejemplo: tengo un cliente que empezó a considerar adquirir equipo de transporte nuevo en lugar de darle mantenimiento al usado y así aprovechar las ventajas financieras de ahorros de flujos de efectivo y fiscales; sin embargo había algunas otras compañías que le empezaron a solicitar servicios de fletes por lo que mi cliente decidió abrir un nuevo negocio independiente de logística, aprovechó la oportunidad y generó mayores recursos a sus accionistas, dándole un poco de más valor.

En otra oportunidad un cliente dedicado a la distribución de varios productos, varias marcas y por consiguiente varios artículos, consiguió para posicionar su mercado entrar en un esquema de imagen corporativa, dando la impresión hacia sus clientes de haberse agregado a una cadena de negocios exitosa por lo que sus ventas mejoraron sustancialmente, ya que tenía otras empresa con diferentes marcas y logotipos y lo que se logró con esta estrategia fue considerar como un solo negocio a todo el grupo

EJERCICIOS DE ACCIÓN

1.- Seleccione un negocio, comercio, industria o persona que más admire y comience estudiando y analizando las acciones y las cualidades que la han hecho ser un buen negocio o buena persona y resuelva aprender de lo mejor de cada parte.

2.- Decídase hoy mismo dejar la zona de confort y salga a la calle a visitar clientes o amigos, en dado caso, busque y admire los buenos negocios en la calle. Pregunte cuáles han sido las decisiones más recientes y exitosas que han tomado

3.- Escoja tres empresas de las más exitosas que tenga o pueda observar y pregúnteles por su departamento de ventas en cuanto a crecimiento. Analice sus cualidades y decida hacerlas suyas

4.- Programe cuando menos hacer una presentación por semana a sus clientes. Seleccione una cartera de clientes y ofrezca cursos a buen precio de tal forma que pueda motivar a sus asistentes a tomarlos para incrementar sus ventas.

5.- Investigue antes, sobre la inversión de tiempo, lugar y servicios que necesitan sus clientes. Escoja una forma de acercarse a ellos; tal vez con las cámaras de comercio e industria puede generar varias oportunidades

6.- Busque a tres líderes de sus clientes y pregúnteles la forma de relacionarse con otros líderes para que les presente sus proyectos

7.- haga un presupuesto del ejercicio por medio del cual se auto imponga metas de ventas y analice la manera de alcanzarlas

CAPITULO XV

Cómo Crear Soluciones A Los Retos Del Cliente E Identificar Sus Necesidades

"El llamado "Estado del bienestar" se ha convertido, en realidad, en
el "bienestar del Estado". El Estado despilfarra millones en todo tipo
de actividades que no le son propias, y contrata en nuestro nombre
a millones de empleados que no nos hacen falta. Para ello nos exige
pagarle en forma de impuestos un porcentaje enorme de la riqueza que
producimos mediante nuestro trabajo o negocios."
Juan Pina

R ecuerdo cuando era presidente del Colegio de Contadores Públicos de mi Región, que el Gerente de dicho Colegio me comentó que llegó un inversionista extranjero a preguntar por un directorio profesional de Contadores y por supuestos que sí lo teníamos pero no en forma profesional, era simplemente una base de datos de nuestros colegas y sobre todo de aquellos que estaban dedicados a su práctica profesional en forma independiente.

Como a nuestro Colegio le hacían falta recursos financieros en ese momento, se me ocurrió la idea de crear un directorio profesional que nos diera la presencia que como Colegio necesitábamos y entonces nos dimos a la tarea con nuestro equipo de trabajo, de buscar la creación de dicho directorio y por supuesto que iba a ser una buena fuente de ingresos financieros.

Este fue un gran reto a las necesidades de un cliente. Creo que todos los días nuestros clientes nos presentan retos muy importantes que así los debemos de tomar para ayudarles a crear soluciones y con ello les estamos ayudando en forma determinante.

Una vez que ha podido platicar con su cliente y sobre todo "venderle la idea" de que necesita de ayuda profesional para resolver problemas internos con su organización o con las metas de la misma, el consultor fiscal deberá enfocarse en forma inmediata a ver cuáles son las principales necesidades en esta materia, la fiscal. Pero no necesariamente puede que un cliente esté atravesando por problemas de índole fiscal; tal vez sus necesidades sean de otra forma o se manifiestan en otro sentido diferente al fiscal pero que al final forman un todo, probablemente, falta de liquidez.

Hacer una cita para captar sus necesidades

Lo primero que deberá hacer el consultor sería concertar una cita con su cliente haciéndose acompañar con otro integrante de la Firma para que le pueda servir de apoyo en organizar algún resumen de la visita o entrevista. De igual forma, se le sugiere que su cliente invite a otros funcionarios de primer nivel para que éstos ayuden a la alta Dirección a identificar aquellos problemas que le vienen afectando y que tal vez, de momento no sean urgentes para la Entidad pero que a la larga podrían afectar considerablemente a la empresa.

Por ejemplo, la falta de ventas, tal vez no se aun problema urgente para contratar a un consultor fiscal, pero en pocos días la empresa podría dejar de cubrir sus obligaciones, entre ellas, las de impuestos y esto sí sería un grave problema; así es que hay que evitar o prever que esto no le suceda a las Entidades que están pendientes de que alguien capacitado les pueda ayudar.

En dicha reunión, el consultor deberá estar atento a todo lo comentado por el clientes y sus funcionarios y tomando nota, haciendo preguntas sólo cuando sea necesario y permitiendo a sus interlocutores que se explayen en todo lo que se necesario, a fin de entender todo lo expuesto por ellos.

Al finalizar la exposición el consultor hará un resumen y lo comentará con su cliente para ver si apreció los problemas tal como le fueron expuestos.

El consultor deberá entender correctamente cuál es el negocio del cliente, para ubicar los problemas y de ahí empezar a realizar algún borrador de las posibles soluciones que necesita la empresa.

Una vez que el consultor entendió los problemas del cliente, empezará junto con su equipo de trabajo, a desarrollar la creatividad en pro de buscar posible soluciones y proponerlas posteriormente a través de otra reunión.

Motivar el crecimiento del cliente

Una vez que el consultor terminó de exponer posibles soluciones a los problemas del cliente, tanto las ideas como su ejecución y el tiempo que les podrá llevar en su implementación podría revalorar las metas y objetivos de la empresa junto con la alta dirección de la entidad en que está trabajando, para revisar hasta dónde ha llegado la empresa, cuál ha sido el mercado que ha cubierto, si ha alcanzado cumplir con dichos objetivos.

De lo contrario podría el consultor sugerir un nuevo cambio, o bien motivar a la alta dirección al establecimiento de nuevas metas y objetivos de tal suerte que se pueda generar crecimiento en la organización. A veces las entidades llegan a un círculo vicioso de cumplimiento de sus objetivos de mercado y por ello las ventas son las mismas, más o menos igual que los años anteriores, los empleados hacen casi las mismas funciones y los proveedores venden casi lo mismo.

Es ahí donde el consultor podría proponer un crecimiento de su cliente haciéndole preguntas tales como: su producto o servicio se puede colocar en otros mercados, en otros territorios? ¿ está capacitado su personal para recibir un incremento en ventas? ¿ se pueden manejar otras líneas de productos y /o servicios?.

El escritor Robert Slater, en su libro "¡MEJORAR o Ser VENCIDO![22], nos cuenta sobre Jack Welch y sus secretos de liderazgo y al referirse a la estrategia de negocios de esfuerzo máximo, señala, lo siguiente:

> "...Podría estar bien fracasar en una meta de Esfuerzo Máximo, siempre que el trabajador dé 150 por ciento en el intento.

---

[22] Slater, Robert. ¡MEJORAR o Ser VENCIDO!, Ed. Diana, México, 2001, Pág.149 y 150

Es importante hacer sentir a los trabajadores que están logrando algo, aun cuando no cumplan las metas del Esfuerzo Máximo. Así dice Welch, debe premiarse a un líder de negocios por sobrepasar las metas originales, incluso si no ha cumplido la meta de Esfuerzo Máximo.

La clave es colocar la barra de obstáculos muy alto; la alternativa, dice Welch, es que nunca sabrán cuán lejos pueden llegar sus trabajadores al cumplir sus metas.

El primer aspecto del Esfuerzo Máximo empieza por deducir los objetivos de desempeño que pueden lograrse, que son razonables y que están dentro de las capacidades de una compañía.

El segundo aspecto clave implica fijar esas vistas más alto, mucho más alto, hacia metas que parecen fuera de alcance, que requieren de un esfuerzo sobrehumano para lograrse…"

Hace unos años tenía un cliente que estaba a punto de cerrar. Su negocio era bueno pero había entrado en ese círculo vicioso y sobre todo que sus empleados le empezaban a generar más problemas que soluciones, cuando comentamos varias alternativas, encontró una que fue la de proporcionar un servicio especializado que él conocía a una Entidad Paraestatal, afortunadamente lo consiguió y meses después estaba de nuevo en el negocio, con más energía, con otro tipo de servicio y con mayor compromiso. El crecimiento genera energía y aumenta el movimiento de la propia gente por lo que se requiere de revisar constantemente que las entidades tengan crecimiento aun cuando haya épocas difíciles como la que vivimos actualmente.

Identificar sus retos de crecimiento

Cuando las empresas o negocios de cualquier tamaño tienen problemas o círculos viciosos dentro de sus operaciones es muy factible que pronto se encuentren ante la encrucijada de la continuidad o negocio en marcha. En el mundo hemos visto caerse o posiblemente estar en vías de caer empresas y/o Entidades como General Electric, Mexicana de Aviación, la Firma de auditores Arthur Andersen, por sólo citar algunas Compañías.

En cada caso hubo diferentes situaciones por las que llegaron a un círculo vicioso, desde un crecimiento sin una preparación para ello, hasta un sobre endeudamiento. Pero el asunto es que hasta en este tipo de Compañías tan grandes y aparentemente sólidas tuvieron una falla en su lucha por crecer en sus retos por hacer un crecimiento. En el camino es necesario revisar cuáles son esas metas de crecimiento para evitar este tipo de situaciones o bien lograr un crecimiento en base a una estructura que vaya acorde a tales planes.

De acuerdo a esa experiencia el consultor debe trabajar con sus clientes en ayudarles a proporcionarles ideas y un plan hecho a sus medida para fomentar un sano crecimiento, como podría pensarse lo haría un buen nutriólogo con una persona de 10 años que requiere lograr una estatura determinada, en determinado tiempo. Así lo explica el escritor antes mencionado Robert Slater [23]al referirse al crecimiento de los negocios a través de los servicios mencionando lo siguiente:

> "...Para Jack Welch y otros ejecutivos centrarse en el servicio no era tanto que la compañía tuviera menos producción; era, más bien, que el sector de los servicios tenía el potencial para alcanzar tasas mucho más altas de crecimiento.
>
> Una razón fundamental: sólo había una cantidad determinada de turbinas de vapor y motores de aeronaves que podían venderse en el mundo.
>
> Es más, los servicios tenían otra enorme ventaja: los márgenes de ganancia eran típicamente 50 por ciento superiores en los servicios, comparados con la venta de sus productos manufacturados.
>
> En 1995, cuando Welch aceleró por completo la iniciativa de servicio, GE tenía un negocio de servicios de 8 mil millones de dólares por año. Para el año 2000, Jack había hecho crecer el negocio a una cifra impresionante de 17 mil millones de dólares..."

---

[23]   Slater, Robert. ¡MEJORAR o Ser VENCIDO!, Ed. Diana, México, 2001, Pág.190

Así es que, ¿Por qué no pensar en los servicios a los clientes?, esto lo agradecerían ya que todos buscamos a fin de cuentas un producto o un servicio. Cuando se trata de productos aun cuando sean fáciles de usar siempre queda la esperanza de recibir un servicio por parte del fabricante o vendedor del bien

Identificar su mercado

Una de las razones principales para fomentar el crecimiento bien estructurado es identificar el mercado de su cliente. Si los productos o servicios que el cliente del consultor vende están orientados al consumo humano, si está dirigido a hombres, a mujeres, a niños, a personas de la tercera edad, a los jóvenes, etc, etc., es decir, a quién va dirigido sus productos o servicios para investigar la forma de penetrar las ventas

Presentarle soluciones reales y concretas

La mejor forma de trabajar con un cliente es presentarle soluciones reales y concretas, es decir, el consultor deberá abstenerse de proponer asuntos que por su experiencia haya visto que han funcionado en otro tipo de compañías, debido a que cada compañía tiene sus propias características. En lo posible el consultor debe de usar palabras sencillas para describir en qué consiste su propuesta de ideas y la forma de llevarlas a cabo por parte de sus clientes.

Una vez que ya identificó los problemas, el entorno, las metas y objetivos de la Entidad y además, conoció y trabajó con la misión y visión de sus clientes, ya está en posibilidad de ofrecer soluciones reales y concretas. Por ejemplo si el problema con su cliente es de liquidez, entonces el consultor tal vez le haya propuesto conseguir un préstamo bancario a mediano plazo. Con dicho préstamo la empresa compraría a mejores pecios, desplazaría un poco más rápido sus mercancías, pagaría los asuntos más relevantes como son los impuestos y tendría una mayor energía para dedicarse a lo que sabe, hacer negocios y duplicar los mismos.

En este punto me recuerda un comentario que leí de un economista en una revista de negocios en el que hacía un llamado al gobierno y a la sociedad a que el manejo del dinero se le diera a los expertos, los que saben manejar el dinero y él comentaba que ésos eran los empresarios, los grandes empresarios que podrían duplicar o multiplicar el dinero recibido en la creación de negocios

CAPITULO XVI

Cómo asegurar la continuidad de los clientes y el fortalecimiento de las relaciones con ellos

*"El Estado es esa gran falacia que permite a muchos vivir
a costa de todos los demás."*
Frédéric Bastiat

Quien no recuerda a una maestra o a un buen maestro que en la primaria o educación básica te brindó todas sus atenciones como maestro, aquella persona que te enseñó en la vida cómo hacerle para ganarse la voluntad de los demás. Esos maestros no los olvidas durante toda tu vida, es más les recuerdas hasta por su nombre, porqué?

Por qué ellos te enseñaron los métodos, tal vez sin proponérselos, de cómo conservar clientes o amigos, por la pasión y entusiasmo que te demostraron y por su interés genuino en que aprendieras lo que ellos te estaban enseñando.

En los negocios esto así es. Necesita uno darles el mejor de los consejos, involucrarse en el negocio de su cliente con toda la pasión como si fuera su negocio, hasta el grado máximo en el que el cliente sienta que es parte de su empresa.

Me ha pasado con varios clientes, pero sobre sale uno que está fuera de la Ciudad donde presto mis servicios; este cliente siempre me invita a las inauguraciones de sus nuevas sucursales o cualquier otro evento y con orgullo lo hace porque nos siente parte de su equipo. Este cliente tiene con nosotros en la Firma cerca de 20 años

Tom Peters, en uno de sus famosos discursos sobre lo que los negocios deberían seguir en su pasión con los clientes habla de la forma en que varias empresas atienden a sus clientes, se esfuerzan por ellos, les ofrecen toda una gama de atenciones por ellos, en general, dice Tom Peters, viven una pasión por sus clientes. Los negocios no son números, los negocios son: ENERGIA, PASIÓN, CREATIVIDAD, CRECIMIENTO, SERVICIO, etc., etc.,[24]

El consultor fiscal tiene que buscar y trabajar fuerte en la búsqueda de esa pasión por sus clientes, debido a que el cliente quiere no sólo a un consultor que le resuelva dudas sobre su situación fiscal, necesita a un buen consejero que siempre le esté diciendo por dónde caminar cuando el camino se torna turbio o aparecen climas difíciles, cómo está la situación y las estrategias que hay que seguir para continuar adecuadamente en el rumbo de los negocios.

Darle a conocer tus valores

Aun cuando un cliente del consultor ha identificado ciertos valores del consultor fiscal, como sería el de la responsabilidad, sería necesario que éste le de a conocer un poco más de todos los valores que el consultor y su equipo de trabajo tienen de tal forma que el cliente se sienta con la confianza de que está en manos de un equipo de verdades profesionales.

Por ejemplo, uno de los valores muy importantes hoy en día es el de la honestidad e integridad. Debido a que vivimos tiempos difíciles de credibilidad tanto en Instituciones Gubernamentales, como en las empresas y otras Instituciones más como la de partidos políticos, la Iglesia, la de los militares, la policía, etc., etc., se hace evidente que la sociedad está en busca de alguien que mantenga dichos valores de credibilidad, pero sobre todo de la confianza.

El consultor fiscal puede hacer de este valor una fortaleza y trabajar en pro de la misma, para que sus clientes asuman que sí hay alguien en quien confiar y afortunadamente ese alguien es su consultor, su consejero. Por ejemplo el Código de Ética Profesional[25] emitido por el Instituto Mexicano de Contadores Públicos, A.C. menciona con relación a los servicios del Contador público como Consultor Fiscal, lo siguiente:

---

[24]   Tom Peters, "Negocios Apasionados", Video Youtube
[25]   Instituto Mexicano de Contadores Públicos, Código de Ética Profesional, Ed.IMCP, México,2008, Pág. 21

"... Artículo 2.26. El Contador Público y/o la Firma cuando preste servicios de consultoría fiscal cuidará de proponer la mejor posición a favor de su cliente, que no se obstruya de ninguna manera la integridad y objetividad y sea según su opinión consistente con la Ley.

Artículo 2.27 El Contador Público y/o la Firma no deberá dar a su cliente la seguridad de que la asesoría fiscal ofrecida, es incuestionable. Por el contrario, deberá asegurarse que el cliente se dé cuenta de las limitaciones y consecuencias inherentes de modo tal, que no se malinterprete la expresión de una opinión como la afirmación de un hecho..."

Otro de los valores muy importantes en el mundo de la consultoría fiscal es el de la actualización constante del profesional, debido a que hay profesiones como la de los Contadores Públicos, la de los Abogados y otras que se autoimponen la disciplina de una actualización constante, por ejemplo; los Contadores Públicos tienen establecido una Norma que se denomina de Educación Profesional Continúa y como ya lo comenté en capítulos anteriores, esta Norma se debe de cumplir en forma anual, reuniendo un determinado puntaje que señala la propia Norma, dependiendo de las actividades que haga el Contador Público, sobre capacitación adquirida u ofrecida por él.

Una vez que se reúne y se comprueba haber cubierto dicho puntaje en forma anual, cada cuatro años, el Contador Público obtiene sus certificación respectiva, lo que le da una confianza y credibilidad en sus conocimientos ya que tener un certificado de renovación de sus conocimientos le hace contar con la mejor referencia y evidencia de que sus servicios siempre estarán trabajándose con la calidad que requieren sus clientes.

Para finalizar con un breve recuento de los valores que el profesional del área fiscal debe contar, comentaré sobre el valor de la calidad de los servicios. Es importante darle a conocer a nuestros clientes que el profesional de Contaduría Pública cuenta con un Código de Ética Profesional el cual le indica la manera, la forma y la conducta que habrá que reflejar para ser todo un profesional. Dicho Código señala en uno de sus apartados la necesidad del Profesional de realizar sus trabajos con la calidad que se espera de él. Pero también por ejemplo, en el área de auditoría se ha venido trabajando con una Norma de Control de Calidad que incluso se está unificando a nivel internacional.

Creo que con estos y otros valores el profesional puede brindar la confianza suficiente a sus clientes y demostrar una verdadera pasión por servir con la calidad profesional, honradez y confianza en sus servicios

Demostrar interés genuino con el cliente.

Para mantener a sus clientes e incluso incrementarlos, el consultor fiscal deberá demostrar un interés genuino por ellos, por sus asuntos y sus problemas, por sus empleados y sus clientes, en fin, por todo lo que tenga que ver con sus clientes. Dale Carnegie, al hablar sobre seis maneras de agradar a los demás, en su libro, "COMO GANAR AMIGOS e INFLUIR SOBRE las PERSONAS" [26]nos comenta lo siguiente:

> "…si usted quiere gustar a los otros, sí quiere tener amigos de verdad, sí quiere ayudar a los otros, al mismo tiempo que se ayuda a usted mismo, no olvide esto:
>
> REGLA 1
> *Interésese sinceramente por los demás*
> … "

El interés genuino que le pongamos en la conversación con otras personas hará que nuestra relación se torne agradable, que podamos incluso influir en ellas y sobre todo que ganemos amigos al practicar este hábito con cada persona que conozcamos durante nuestras vidas.

De hecho los mejores vendedores recomiendan que para vender deben demostrar ese interés genuino con sus prospectos, ya que éstos necesitan bienes y servicios, pero si un vendedor no les demuestra dicho interés, los probables compradores se pondrán a la defensiva y no comprarán nada a pesar de necesitar de dichos bienes y servicios.

---

[26]   Carnegie, Dale, "COMO GANAR AMIGOS e INFLUIR SOBRE las PERSONAS" Ed. Sudamericana, Buenos Aires, Reimpresión en México, 2005, Pág.103

Aun cuando para el consultor fiscal le pueda parecer que ya tiene un cliente, una vez que ya vendió un servicio, sería recomendable que este tipo de actitud la lleve siempre adelante, puesto que significa mantener a su cliente y mantener a su cliente, quiere decir que le va a ayudar por un número indeterminado de años.

Ofrecerle toda clase de información respecto a su campo de acción

Los clientes del consultor necesitan estar informados sobre las materias que le ocupan y además de la economía y de la situación mundial en los negocios en los que se desenvuelve y otras actividades. Derivado de ello, por lo menos, el consultor fiscal debe interesarse en proporcionar información especializada en su campo de actuación que generalmente va a versar en la materia fiscal, pero dicha información la tendrá que analizar para que ésta sea traducida y resumida a sus clientes.

Hoy en día estamos frente a una cantidad impresionante de información que se proporciona a través de internet, los medios electrónicos y los impresos, por lo que debemos tener cuidado de seleccionar aquella información que pueda ser útil para la toma de decisiones de nuestro cliente.

En esta parte se le puede encargar a un coordinar de información que seleccione los temas o los artículos del mes, de la semana o del día según la periodicidad con la que le queramos ofrecer a nuestros clientes. De aquí parte la forma de seleccionar dicha información, debido a que si se piensa por ejemplo, que sería un boletín mensual, cuando llegue a manos de nuestros clientes, probablemente sean noticias que han pasado y ya no resulten tan importante para la toma de decisiones pero si le proporcionamos datos que pueden seguir o tener vigencia con cuadro comparativos, por ejemplo: inflación registrada en el último cuatrimestre tanto en nuestro país como aquellos que pueden ser un buen grupo de referencia, tasas de interés, instrumentos de inversión.

Muchas veces resulta importante compartir con el cliente temas que interesan a todos los negocios, por ejemplo: investigación sobre fraudes, análisis de las crisis económicas, tecnología en las empresas, recursos humanos y su productividad, nuevos negocios en diferentes países, propuestas de reformas fiscales o paquetes económicos para un ejercicio fiscal.

De cualquier forma, el consultor puede estar en contacto con sus clientes pero si lo hace a través de noticias importantes por medio de un brochure o boletín, sería mejor o haría un mayor impacto en los diferentes departamentos de sus clientes.

CAPITULO XVII

El Ingreso Potencial Del Consultor Fiscal

"Los políticos no se limitan a exigirte tu dinero: quieren tu espíritu.
Quieren doblegarte con sus impuestos hasta que te veas indefenso.
Si subvencionamos la pobreza y el fracaso, lo que obtenemos es
precisamente más pobreza y más fracaso."
James Dale Davidson
Líder de la Unión de Contribuyentes (Estados Unidos).

Algún día tuve el agrado de escuchar una conferencia de un padre jesuita que nos hablaría de la eficiencia empresarial y cómo salir del lugar de comodidad; previamente a la conferencia el padre nos comentó a unos amigos y a mí, que siendo director de un Campus de una Universidad, en alguna ocasión se le acercó una Señora que iba acompañada de un joven, el cual era su hijo, y que la Señora le pidió un consejo y le dijo, padre, recomiéndeme una licenciatura que mi hijo estudie y que le deje mucho dinero, a lo cual el padre le contestó que todas las profesiones dependían de la persona y la forma en cómo prestaría sus servicios y otras cosas más para que le deje dinero.

Puedo asegurar, después de varios años que no es la profesión lo que le permite a una persona obtener importantes sumas de honorarios, en realidad es la forma inteligente de trabajar, de aplicar los conocimientos y experiencia adquiridos a través de los años y el saber tener un equipo disciplinario tanto de colaboradores como de asesores externos con quienes puede uno compartir dicho conocimiento y experiencia.

Importante decir, que aparte de lo anterior, el saber vender sus servicios con los métodos profesionales que el consultor consiga, serán determinantes en la posibilidad de obtener importantes sumas de honorarios y hacer de la consultoría un buen nicho de mercado.

El consultor fiscal que busque prestar sus servicios profesionales a través de esta área de consultoría fiscal tiene enfrente una gran posibilidad de crecer económicamente hablando ya que como dijimos en capítulos anteriores hay un mercado importante que está buscando los servicios de profesionales especializados en impuestos. Esto nos lleva a recordar qué quiere el inversionista. Entre otras necesidades, tomaremos las siguientes:

- Diversificación de inversiones
- Diversificación de los riesgos
- Flexibilidad
  o Tamaño de la inversión
  o Tipo de activos y su localización
- Eficiencia impositiva
- control de costos
- Maximización del retorno de sus inversión, después de impuestos
- Liquidez

Con esta lista breve, el consultor fiscal podría ofrecer un portafolio importante de servicios y/o productos que le ayuden al inversor a cubrir estas necesidades, pero sobre todo, al contestar las siguientes preguntas, podrá calcular el potencial enorme que tiene de ingresos, dicha pregunta podría ser: ¿Qué requiere el cliente de nosotros? y las respuestas pueden resultar de la siguiente forma:

- Consejo proactivo
- Certidumbre y terminación del trabajo
- Efectividad del costo del beneficio y/o valor agregado por su inversión
- Publicación de ciertas resoluciones de autoridades
- Enlaces o contactos con
  o Consejeros profesionales
  o Con otros socios de nuestra Firma o en su caso, si trabajamos con una Red de servicios
- Confidencialidad
- Familiarización con el consultor o su staff (diferentes niveles de responsabilidad)

Si el consultor fiscal da puntual respuesta a estas preguntas su potencial de ingresos será satisfactorio y enorme.

El tipo de honorarios que puede conseguir un consultor fiscal podría ser de la siguiente forma:

- Ingresos fijos o periódicos
  - Igualas periódicas
  - Anticipos por encargo de servicios
  - Cobros por proyectos
  - Cobros de consultas

- Ingresos residuales
  - Por elaboración de sistemas con creatividad de capital intelectual
  - Por venta de software especializado
  - Por registro de una marca o patente
  - Por la celebración de alianzas profesionales

Como usted apreciará amigo lector, el monto de ingresos dependerá de nuestra habilidad y destreza para ordenar los tipos de servicios que podemos aportar y ofrecer a nuestros clientes

Los negocios actuales

Los negocios actuales son globales con tendencias a buscar en todo el mundo las mejores oportunidades de inversión, los mejores países o territorios dónde invertir a tasas bajas de impuestos, seguridad de sus inversiones y en determinados momentos a la protección de sus datos e información personal, pero sobre todo buscan la eficiencia de sus servicios o de su mercado.

Los negocios actuales enfrentan una era de transformaciones rápidas o de cambios vertiginosos. Aquellas empresas que no tengan un buen consultor podrían cometer errores importantes de no adaptarse a los cambios que la situación actual requiere. Hay empresas que en tan poco tiempo de su creación han desaparecido porque tardaron tanto en adaptarse a estos mercados y viceversa hay empresas que han sobrevivido y han crecido gracias a esa adaptación; negocios familiares exitosos que nuca crecieron hoy tienden a desaparecer. Como dijera un amigo periodista, mira algunos negocios pequeños de ciertas zonas de la ciudad, tómales fotografía, porque en poco tiempo se va a extinguir y por lo tanto la fotografía va a quedar como historia de lo que había hace tiempo o de la forma en que se hacían negocios.

De la misma forma en la que los negocios piensan globalmente y deben actuar en esa forma, el consultor fiscal lo debe hacer para que pueda estar a la altura de sus clientes por lo que, el consultor fiscal podrá abrir oficinas en diferentes regiones que el vea conveniente o bien trabajar a través de una Red para que pueda incursionar en un crecimiento sólido y proporcionar el servicio que antes comentamos.

Las tendencias de los empleos y generación de nuevas oportunidades

Si usted se hace una pregunta de cómo serán los empleos y las profesiones dentro de 20 o 30 años, sí habrán nuevas oportunidades o éstas se reducirán, o bien, se estarán generando nuevas empresas y finalmente cómo serán los mercados mundiales en todos los sentidos, seguramente las respuestas pueden variar dependiendo del aspecto con el que se quiera clasificar o analizar; pero mire, le comento tan sólo unos datos que han sido calculados por algunas consultoras y este es un pequeño resumen de tales estudios:

- La población se estima, ascenderá a 8,300 millones de habitantes en el mundo
- La demanda de alimentos crecerá en un 50%
- La demanda de agua crecerá en un 30%
- Algunos países serán líderes de la economía mundial: China e India
- Las principales profesiones que podrían tener auge, serían
  o Diseñador y fabricantes de partes del cuerpo humano
  o Nano médico
  o Pharmer (unión de granjero con médico)
  o Especialista en bienestar de la tercera edad
  o Médico cirujano de la memoria
  o Ingenieros ambientales con experiencia en reversión del cambio climático
  o Consultor del bienestar humano
  o Ingeniero de equipo de trabajo
  o Pilotos, arquitectos y especialistas en turismo espacial

- ○ Expertos en ética humana científica
- ○ Consultores de Calidad mundial
- ○ Policías y auditores ambientales
- ○ Abogados cibernéticos
- ○ Expertos en impuestos mundiales
- ○ Ayudante de networking en redes sociales
- ○ Banquero inversor de tiempo
- ○ Gestor de marcas mundiales
- ○ Experto en protección de datos personales

Con relación a los empleos y fuentes de trabajo, la situación se torna más complicada puesto que la competitividad está haciendo que las empresas busquen gente que quiera hacer compromisos con ellas, es decir, que consigan resultados en común para llevar a cabo. Todo ello hace que los consultores puedan ayudar tanto a empresas como a posibles empleados o bien buscar una nueva modalidad del empleo: emprendedor de servicios personales

Viendo todo lo anterior, el ingreso del consultor podría incrementarse considerablemente si se encuentra preparado para dar soporte a las nuevas generaciones de emprendedores

La renovación constante del consultor fiscal

De acuerdo con las tendencias de los negocios, los empleos y las oportunidades traerán sin duda, una mayor oportunidad para toda aquella persona que esté buscando su pasión por la vida. Es un época sin duda difícil pero con ventajas importantes: la generación de nuevas oportunidades, especialización y sobre todo trabajando en un mundo completamente globalizado; por lo que hace y si se dedica a ser consultor fiscal y ofrece sus servicios con la pasión, la energía, el entusiasmo y toda la aspiración a apuntar alto con el ánimo de buscar la excelencia, su potencial de ingresos será enorme.

CAPITULO XVIII

Cuánto Invertir Al Iniciar Una Práctica De Consultoría Fiscal

"Todo lo que un ciudadano medio paga en impuestos a lo largo de toda su vida lo gasta el Estado en cuestión de segundos."
Jim Fiebig

Cuando se emprende alguna actividad, lo primero que hay que medir, calcular y determinar es la inversión mínima que podemos hacer para iniciar nuestros primeros pasos. En los servicios profesionales de consultoría, necesitamos una inversión como cualquier Firma, sin embargo a diferencia de los negocios sólo necesitamos un equipo de tecnología y oficina necesario para ofrecer el servicio, puesto que el local, el espacio o la oficina como tal puede ser adquirida en arrendamiento, lo que nos evitaría hacer una fuerte inversión e incluso hoy existen las oficinas virtuales, aun cuando recomiendo que el consultor fiscal debe contar con un espacio físico, la oficina virtual sería una vez que el consultor se halla instalado en dicho espacio físico.

Equipo de oficina necesario

El consultor fiscal y su equipo de trabajo requerirán de mobiliario y equipo cuando menos lo siguiente:

- Escritorio ejecutivo y sillas de visita
- Escritorios de trabajo y sillas
- Mesa para juntas y sus sillas
- Archiveros
- Teléfono convencional
- Computadoras de escritorio

- Computadoras portátiles
- Equipo de decoración

Dependerá del diseño, y de la forma de trabajar para el consultor fiscal, si se va a dedicar en forma independiente o a través de una Red de Firmas, para estimar cuánto debe invertir en este tipo de mobiliario y equipo de oficina. Una inversión modesta habla de alrededor de $ 150,000.00 (ciento cincuenta mil pesos)

Servicios de mercadotecnia

Cuando se inicia, se requiere de diseñar la papelería, buscar un logotipo, identificar la misión y visión de la Firma, detallar los servicios profesionales que se ofrecen a través de la consultoría fiscal y probablemente a los clientes a los que ya se atiende. Todo esto para preparar la siguiente documentación importante de la Firma, misma que puede ser trabajada a través de un diseñador profesional de servicios:

- Hojas membretadas
- Logotipo de la firma
- Tarjetas de presentación
- Promocionales conocidos como brochure
- Folders para entregar información de la Firma
- Sobres para correspondencia y entrega de trabajos
- Anuncio en la oficina de la Firma
- Sitio web o www.firmaconsultora

Toda esta inversión a principio es importante realizarla, pero vale la pena porque es la presentación del consultor y su imagen. La inversión inicial que puede representar los servicios de mercadotecnia estaría entre los $ 50,000.00 y los $ 80,000.00 dependiendo del tamaño, detalles de diseño y clase de materiales que el consultor fiscal pueda seleccionar.

Medios de promoción

Cuando se inician los servicios profesionales a través de una Firma independiente de servicios es importante que el consultor fiscal realice alguna promoción de sus servicios, pero ésta debe de hacerla con todo cuidado, prudencia y además debe cuidar los asuntos de ética que hemos comentado a los largo de este trabajo. Una buena guía para que el consultor lleve a cabo este tipo de actividad, sería realizando lo siguiente:

- Afiliarse a un Colegio o Asociación profesional preferentemente de su actividad
- Hacer llegar participaciones de su nueva oficina a sus amigos y colegas
- Asociarse a algún club deportivo
- Ofrecer sus servicios de cátedra en las principales universidades
- En algún directorio profesional que tenga prestigio

Medios de financiamiento

Si por alguna causa el consultor fiscal no cuenta con los recursos financieros de inversión inicial para abrir su Firma de Consultoría, puede consultar cualquiera de las siguientes opciones para que realice su primera inversión y por consiguiente no se quede sin la apertura de su Firma:

- Préstamo de algún amigo o familiar
- Préstamo de alguna Institución crediticia bancaria
- Asociarse con alguna caja de ahorro y crédito
- Afiliarse a alguna cooperativa de ahorro y préstamo profesional
- Inscribirse en alguna institución financiera que presta mediante abonos de ahorro (auto financieras).
- Conseguir su equipo en arrendamiento financiero

Cualquiera que sea el medio de financiamiento, el consultor fiscal debe buscarlo para iniciar lo más pronto posible con sus servicios ya que el mercado potencial le espera.

CAPITULO XIX

Una Meta Saludable

"No importa cuánto hablen los políticos de solidaridad:
jamás la tienen para con los contribuyentes."
Thomas Sowell

Hemos estado hablando de qué es la consultoría fiscal, cómo se práctica, qué tipo de servicios emprender y sobre todo qué busca el mercado. Para estar atento a tantas situaciones y sobre todo contar con la energía, pasión y entusiasmo de hacer las cosas, incluso, mantener una imagen saludable de bienestar y confianza, será indispensable que el consultor fiscal, se prepare en lo que respecta a las metas de su salud física, primero, para después dar paso a la financiera

Que su primera meta sea de salud

Una persona que no cuide su salud tenderá a verse apagada, sin ánimo de hacer las cosas y sobre todo sin la energía para soportar los retos cotidianos diarios que se presentan. Pero además de que en lo personal no podrá hacer buenas cosas, a su vez podría transmitir dicha imagen con sus futuros clientes, dejando una imagen disminuida, dependiendo de cómo se presente ante sus clientes, sus amigos y la gente que le rodea.

Aun cuando puede parecer un poco fuera de lugar, hablar de la salud en un libro que habla de la consultoría fiscal, sí es necesario hacerlo, puesto que es tal vez la primera recomendación que deberíamos hacer al iniciar cosas: verificar cómo anda nuestra salud tanto física como mental. Se ha dicho que muchas veces si la salud mental no está bien, la salud física sería un desastre y viceversa. Esto no es una moda del mundo moderno, esto es una tendencia por la alta competitividad a que estamos sometidos.

No haga lo que yo hice con mi salud; alrededor de mis 20 años, entendía que la juventud iba a durar mucho tiempo y comencé a preocuparme por mi salud hasta que empezaron los primeros síntomas del deterioro de ella: ardor de estómago, dolor de cabeza, rechazo a ciertos alimentos y bebidas, dolores en algunas regiones del cuerpo, mayor frecuencia cardíaca, etc, etc.,. con estos problemas no se puede trabajar y menos si usted es el que genera los ingresos en su Firma, así es que una revisión a este tema es tan importante como los anteriores. En palabras del escritor Paul Zane Pilzer, en su libro "El próximo Trillón, Cómo hacer una Fortuna en la Industria del BIENESTAR"[27] comenta las amplias posibilidades de trabajar en su salud y bienestar, al ofrecer un discurso ante más de 45 mil personas, se preguntó:

> "…Debería estar feliz. Pero en lugar de eso, me sentí culpable. Conforme veía la fila del público en el estadio y empezaba mi discurso, pensé que estaba a punto de estafarlos.

> Como la mayoría en Norteamérica, la mitad de la audiencia no tenía buena salud y sufría de sobrepeso, una consecuencia directa de la dieta y el estilo de vida que se evidenciaba por la fatiga que se reflejaba en sus rostros y la medida de sus cinturas. Nada de lo que estaba a punto de decir sobre economía iba a mejorar su calidad de vida, hasta que aprendieran cómo cuidar sus cuerpos.

> Una extraña urgencia se apoderó de mí para hacer a un lado el discurso que tenía preparado y decir a la audiencia que la buena salud era más importante que cualquier riqueza que pudieran acumular, pero me arrepentí. No quería ofender a mis anfitriones. Y de verdad, en aquel entonces no sabía qué acciones le permitiría a la mayoría de la gente tomar el control de su salud.

> La siguiente mañana, en el vuelo de regreso a casa, empecé a luchar con esta pregunta: ¿por qué una persona inteligente

---

[27] Zane Pilzer, Paul, " El próximo Trillón, Cómo hacer una Fortuna en la Industria del BIENESTAR" Ed. John Wiley & Sons, Inc. y Ed. Kendra, Méx, pag.31

gastaría tiempo y dinero para mejorar su vida en toda área, *excepto* en una en la cual era obvio que la mayoría necesitaba mejorar? Y más importante, ¿qué debería hacer una persona con problemas de salud y con sobrepeso para empezar a tomar el control de su vida?..."

Muchas veces queremos solucionar la salud financiera de nuestros clientes o sus empresas, pero nosotros mismos adolecemos de la base principal de nuestra consultoría: la salud física. Así como cuidamos y mantenemos nuestro automóvil llevándolo rigurosamente al servicio cada determinado kilometraje, ya que de lo contrario, podría fallarnos en el momento que más podríamos necesitar de el, así debemos de hacer con nuestra salud física A continuación me permitiré hacer algunas sugerencias que me han funcionado para trabajar mi salud y mantenerme con la energía suficiente:

- Dormir adecuadamente
- Salir a caminar, trotar o correr de tres a cuatro veces por semana
- Evitar, en lo posible, la sal, el azúcar y las harinas
- Preferir los desayunos altos en proteínas
- Beber suficiente agua
- Alimentarse bien en forma saludable
- Comer más frutas y verduras
- Salir periódicamente al campo
- Contemplar la naturaleza y disfrutarla

Tal y como dice el escritor Bryan Tracy en su libro " El Arte de Cerrar la Venta"[28] al hablar sobre el cuidado de su salud, comenta que si usted ha comprado un caballo de carreras pura sangre, seguramente con lo que ha invertido en dicho ejemplar, usted lo alimentaría con lo mejor, así debería usted alimentarse con lo mejor. " trátese como si fuera la persona más valiosa e importante del mundo, porque lo es", sentencia el escritor¡

---

[28]   Tracy, Bryan, " El Arte de Cerrar la Venta" Ed. Grupo Nelson, 2007 USA, Pag. 205

Continúe con una meta saludable financieramente

Una vez que ha determinado estar saludablemente bien o estar en forma física excelentemente, puede dar el siguiente paso: establecerse una meta financiera.

Establecerse una meta financiera es tan importante como la salud física, ya que sin recursos financieros no se puede mejorar el servicio, financiar nuevos proyectos y en general no se puede desarrollar la Firma. Las empresas exitosas siempre están fijando metas de ventas, de utilidades, de mercados, de nuevos productos, de nuevas marcas, de cómo hacer las cosas en menor tiempo, etc.,etc..., por lo tanto usted amigo lector que piensa en dedicarse a la consultoría fiscal, también es recomendable establezca sus propias metas de crecimiento a corto, mediano y largo plazo.

¿Qué es una meta?, es un punto a dónde quiere llegar, hacer o tener. En palabras del escritor y motivador Gary Ryan Blair[29], menciona que: " Una meta es creada tres veces. Primero, como un cuadro mental de algo que quieres ser, tener o hacer. Segundo, cuando la escribes para darle claridad y dimensión. Y tercero, cuando tomas acción para su logro".

Por lo tanto, siguiendo la recomendación de los expertos, podríamos decir, que primero tendríamos que visualizarnos a dónde queremos estar dentro de un periodo corto medido en años, qué queremos ser o que estaremos haciendo en dicho periodo. Después hay que pasar a la claridad de la visión escribiendo en tiempo presente lo que queremos ser, tener o hacer en ese plazo; generalmente se toma un cuaderno seleccionado con cuidado exclusivamente para ello, para que nos sirva de nuestras notas y que las revisemos constantemente, por último, tenemos que aterrizar, tales cosas imponiéndonos un plan de acción, que puede ser un programa de trabajo con la descripción que nos ayude a determinar qué tipo de acciones son necesarias para realizar nuestras metas.

Hay varias técnicas para establecer metas y objetivos, sin embargo, lo básico para ello será siempre saber a dónde queremos estar, realizando las siguientes preguntas y por supuesto encontrando las respuestas, habrá señalado cuáles serían sus metas

---

[29]   Blair, Gary R. Start Fast, Finish Strong. 100 Day Challenge All Rights Reserved

1.- ¿Cuál es mi meta principal a 3 años, a 5 años y a 10 años?

2.- ¿Por qué quiero cumplir esa meta?

3.- ¿Cuáles son los pasos que puedo dar para cumplir con dicha meta?

Puede haber otras preguntas más, pero estas son las que necesitamos para describir aquellas metas de lo que necesitamos.

Cómo crear una construcción sólida de finanzas

Una vez que tenemos nuestras metas fijas de salud física y salud financiera sería provechoso que nos diéramos a la tarea de buscar los métodos y técnicas para realizar una construcción sólida de finanzas, debido a que el tiempo pasa muy rápido y cuando las personas volteamos la cara, ya pasaron los días, meses y años. Si no estamos preparados financieramente, podemos llegar a tener problemas de diversa índole, puesto que nosotros somos los que generamos los ingresos en nuestra Firma y a menos que busquemos una reserva importante para el retiro, pasados los años nos encontraremos con pocos recursos o tal vez si recursos suficientes para empezar dicha etapa de retiro.

Dentro del tiempo de fortaleza física y preparación para ofrecer los servicios profesionales, el consultor está preparado y tal vez haya ganado buen dinero y haya hecho algún buen capital, pero puede encontrarse con épocas buenas y épocas malas, a lo que debe estar preparado construyendo su patrimonio y en la medida de sus posibilidades, reforzarlo para enfrentar esas épocas malas.

Hay datos muy escalofriantes para cualquier ser humano que tenga consciencia de su desarrollo físico y financiero. Por ejemplo, el escritor Robert Kiyosaki[30] en su Libro "Guía Para Hacerse Rico Sin Cancelar sus Tarjetas de Crédito ", menciona que el Departamento de Salud, Educación y Bienestar de Estados Unidos, muestra una estadística en la que señala que …" A los 65 años, de cada 100 personas:

- 1 era muy rica
- 4 eran acomodadas

---

[30] Kiyosaki, Robert T Guía Para Hacerse Rico Sin Cancelar sus Tarjetas de Crédito, Ed. Punto de Lectura, México, 2009, Pag. 12

- 5 aun tenía que trabajar por necesidad
- 54 vivían con apoyo de su familia o del gobierno
- 36 ya habían muerto"

Estas cifras son aterradoras para la mayoría de personas que trabajamos durante muchos años y que cuando llega el tiempo del retiro, simplemente no hay dinero. Hay muchas razones, pero compartiré para mi gusto la principal: las personas no hemos sido educadas para prevenir tiempos futuros a través del ahorro, siempre durante los años de trabajo, estamos ocupados en invertir y gastar, generalmente esta rutina nos lleva a la bancarrota o bien a vivir con tan pocos recursos que irónicamente hemos ganado durante nuestra vida productiva.

Debido a ello y muchas otras razones, será necesario que el consultor fiscal se prepare para hacer una fortaleza financieramente sólida de sus recursos, para ello es necesario contar con algunos hábitos, mismos que a continuación describo:

- **El del ahorro**.- hacer siempre una separación del ingreso que genere, medido en un porcentaje, un ahorro, sin que deba tocarse en lo futuro, dicho ahorro.
- **Invertir en educación y preparación**.- de igual forma se tiene que separar una cantidad del dinero que se gana para hacer una inversión sobre la preparación y actualización de su profesión. La capacitación y actualización es tan importante en un consultor puesto que ello le puede generar mayores recursos.
- **No perder dinero**.- Por ningún motivo se deberá perder dinero, ya que generar recursos es difícil, luego entonces se debe de cuidar con todo el sigilo posible
- **Saber invertir**.- El consultor fiscal deberá dedicar un tiempo diario a informarse sobre las mejores opciones de inversión por su propio beneficio y por el de sus clientes que en algún momento le van a solicitar su opinión. De esta forma el consultor siempre sabrá en dónde invertir su dinero.
- **Vivir con cierta frugalidad**.- El consultor debe aprender a vivir bajo sus propios estándares de calidad de vida y ello no significa que deba gastar mucho, puesto que si así lo hace, siempre habrá motivos para seguir elevando sus demandas de dinero y con ello no habrá forma de cumplir con los puntos antes descritos.

Conozco a un amigo de nombre Jorge, que tuvo la oportunidad de trabajar en una gran compañía que le triplicó el ingreso que él venía generando. Cuando su nuevo trabajo le proporcionó sus nuevos ingresos, pensó que iba a ahorrar por lo menos la mitad de su sueldo; sin embargo sólo lo pensó, porque inmediatamente elevó sus gastos y cambió su "estilo de vida" y me comentó que él pensaba que así iba a estar por varios años, por lo que no se preocupó más por el ahorro. En un momento determinado su empresa pasó por algunos malos momentos financieramente hablando y por consiguiente recortó su planta laboral; él salió en dicho recorte y desafortunadamente cuando quiso conseguir empleo, por su edad, ya no era buen candidato y por consiguiente regresó a su estilo de vida que tenía hasta antes de conseguirse dicho empleo.

Así hay varios casos por lo que siempre será necesario hacer un alto y si no se ha empezado con hacer los hábitos o a ponerlo en práctica, recomiendo muy seriamente que se haga para no pasar malos momentos y apuros económicos como lo dicen las estadísticas.

CAPITULO XX

Cómo Empezar

"La gente ya está empezando a darse cuenta de que el Estado es demasiado costoso. Lo que aún no terminan de comprender es que el peso de ese coste recae sobre ellos."
Frédéric Bastiat

La información presentada y desarrollada en este libro ha sido con el propósito de ofrecer un punto de vista y si se me permite darle el alcance de una guía a todas aquellos profesionistas que vayan a comenzar con esta actividad o que vean en ella la realización profesional de sus servicios.

Por supuesto hay mucho más información y experiencia en la consultoría de los negocios, de lo que haya podido cubrir en esta obra, pero el rescate de aquellos temas y la propia experiencia hacen posible ofrecer el tema sobre todo en la materia fiscal.

Si usted ya está en la consultoría fiscal de negocios y busca ideas de otros colegas con la intención de reforzar el trabajo de cada quien, esperaría que este reporte le brinde otras ideas o reafirme las que ya tiene.

Para aquellas personas que están iniciándose en la prestación de los servicios profesionales de consultoría y sobre todo en la materia fiscal, las ideas aquí vertidas podrán ayudarle a llevar a cabo dicho emprendimiento.

Indiscutiblemente que ahora el tiempo es el recurso más caro que tenemos ante la ola de tanta información y el avance de la tecnología, pero queda aun el tema de las alianzas profesionales que nos pueden ayudar a ahorrarnos el largo camino que muchas veces recorremos queriendo hacerlo solos, sin experimentar la posibilidad de aliarnos con otras personas que ya recorrieron ese camino, por lo que le invito a que si usted quiere contactarme para cualquier idea de negocios para iniciar con la consultoría, podemos hacerlo de manera personal

Me pueden contactar en…

Boulevard Valsequillo No. 5908- 2o.
piso Col. San Baltazar Campeche
Puebla, México C.P.72420

Of. Corporativa: 39 pte. 3515, BC
(Edificio el Triángulo)
Col. Las Ánimas C.P. 72400
Tel. (222) 237-85-44
Fax (222) 868-59-88
gabrielmontielm@yahoo.com.mx
Gabriel.montiel@correo.buap.mx

Mis mejores deseos de éxito

Gabriel Montiel Morales

BIBLIOGRAFIA

Blair, Gary R. *Start Fast, Finish Strong. 100 Day Challenge* All Rights Reserved 2010

Bly, Robert W., *Became a Recognized Authority*, Ed Alpha, 2002 USA

Carnegie, Dale, *"COMO GANAR AMIGOS e INFLUIR SOBRE las PERSONAS"* Ed. Sudamericana, Buenos Aires, Reimpresión en México, 2005

Cardoso C. Carlos. *"El Consejo de Administración y el Comisario Profesional"*, Ed. IMCP, 1999,

Gerber, Michael E. "The E Myth Revisited 1995, 2001 Ed. Harper Business, USA,

Hopkins, Tom, *"Vender en tiempos difíciles"* Ed. Business Plus, USA, 2010,

IFAC, ISQC1 *International Estándar Quality Control*, IFAC 2009

IMCP, *Código de Ética Profesional* Ed. IMCP, México, 2008

IMCP, *Normas y Procedimientos de Auditoría y Normas para Atestiguar* 2009

IMCP *Normas de Actuación Profesional en Materia Fiscal*.- IMCP, Méx. 1998

IMCP. Academia de Estudios Fiscales de la Contaduría Pública, A.C., Ed. IMCP, 1998, Méx

López Hidalgo Alfonso, *"Multiplica toda tu capacidad ¡en veinte minutos!"* 2ª edición 2005, México

Masterson, Michael *Automatic Wealth* Ed. Wiley, año 2005

Masterson, Michael, *SEVEN YEARS to SEVEN FIGURES*, Ed. Wiley, 2006, USA

Maxwell, John C. *Líder de 360°* Líder Latino USA, Ed., 2005

Pinskey, Raleigh, *101 Ways to Promote Yourself*, Ed. Quill, 2003, USA

Reyes, Corona Oswaldo, *"Economía de Opción: El ope legis tributario y su restrictividad"*, Ed Víctor Medina Urízar, 2009, Méx,

Slater, Robert. *¡MEJORAR o Ser VENCIDO!*, Ed. Diana, México, 2001

Stone, Clement W. *"Creer y Lograr"*, Ed. Lectorum, México, 2010

Tracy, Bryan, *"El arte de cerrar la venta"*, Ed. Grupo Nelson, USA 2007,

Tracy, Bryan *"Psicología de ventas"*, Ed. Thomas Nelson 2005, E.U.A.

Vargas, Gaby *"Todo sobre la imagen del éxito"* Ed. Punto de Lectura, México, 2009

Zane Pilzer, Paul, *"El próximo Trillón, Cómo hacer una Fortuna en la Industria del BIENESTAR"* Ed. John Wiley & Sons, Inc. y Ed. Kendra,

Tracy, Bryan, *"El Arte de Cerrar la Venta"* Ed. Grupo Nelson, 2007 USA

Kiyosaki, Robert T *Guía Para Hacerse Rico Sin Cancelar sus Tarjetas de Crédito*, Ed. Punto de Lectura, México, 2009,

Boletines y revistas

Moore Stephens México, *Boletín Técnico Julio/agosto 2010* Volumen 11 Número 67

Montiel Morales, Gabriel *"La Consultoría Fiscal en los Negocios"* Revista NUMERSCI año II, núm. III, septiembre-diciembre 2010

Sitios de Internet

IFAC, Federación Internacional de Contadores Públicos

Tom Peters, *"Negocios Apasionados"*, Video Youtube